本书系上海市哲学社会科学规划"学习贯彻习近平总书记'人民城市人民建　人民城市为人民'重要理念"专项课题成果

"人民城市"重要理念研究丛书

上海市习近平新时代中国特色社会主义思想研究中心 编

人民城市理念与数字化公共服务共享研究

RENMIN CHENGSHI LINIAN YU

SHUZIHUA GONGGONG FUWU GONGXIANG YANJIU

邬思源 等◎著

人民出版社

总　　序

　　2019 年 11 月，习近平总书记考察上海期间在杨浦滨江首次提出"人民城市人民建，人民城市为人民"的重要理念，深刻揭示城市属于人民、城市发展为了人民、城市建设和治理依靠人民的人民性，深刻阐明中国特色社会主义城市工作的价值取向、治理主体、目标导向、战略格局和方法路径，为推动新时代中国城市的建设发展治理、提高社会主义现代化国际大都市的治理能力指明方向。2020 年 11 月，习近平总书记在浦东开发开放 30 周年庆祝大会上的重要讲话中，从中华民族伟大复兴战略全局、世界百年未有之大变局的战略高度思考和谋划新征程上浦东新的历史方位和使命，进一步明确提出，要"提高城市治理现代化水平，开创人民城市建设新局面"，为探索新时代中国特色社会主义现代化超大规模人民城市建设发展之路提供了科学指引。

　　首先，人民城市属于人民。这是人民城市的政治属性。我国是社会主义国家，我国的城市归根结底是人民的城市。社会主义现代化国际大都市的建设和发展必须始终坚持以人民为中心的发展思想，把人民对美好生活的向往确立为城市建设与治理的方向和做好城市工作的出发点、落脚点和根本立场。

1

其次，城市发展为了人民。这是人民城市发展的根本宗旨。根据人民城市重要理念，无论是城市规划还是城市建设，无论是新城区建设还是老城区改造，都要坚持以人民为中心，聚焦人民群众的需求，合理安排生产、生活、生态空间，走内涵式、集约型、绿色化的高质量发展路子，努力创造宜业、宜居、宜乐、宜游的良好环境，让人民有更多获得感，为人民创造更加幸福的美好生活。城市治理是国家治理体系和治理能力现代化的重要内容。一流城市要有一流治理，要注重在科学化、精细化、智能化上下功夫。上海要继续探索，走出一条中国特色超大城市管理新路子，不断提高城市管理水平。

再次，城市建设和治理依靠人民。人民是城市的主人，也是城市建设和治理的主体。人民是城市的享有者、受益者，理应是城市建设者、治理参与者。上海作为我国人口规模最大的城市之一，其治理的复杂程度远超一般性城市和地区。只有坚持人民的主体地位，进一步发挥群众的首创精神，紧紧依靠和组织广大人民群众，才能协力创建新时代中国特色社会主义现代化超大规模人民城市的历史伟业，彰显我国社会主义制度的强大优势。

近年来，上海在深入贯彻人民城市重要理念过程中，聚焦探索超大城市治理的规律，把全生命周期管理理念贯穿城市治理全过程，着力在科学化、精细化、智能化上下功夫，努力走出超大城市治理现代化的新路。对人民城市重要理念及其上海实践开展深入研究，是推进习近平新时代中国特色社会主义思想上海实践研究的一项重要任务。2021 年 8 月，上海市社科规划办专门列出系列课题，上海市习近平新时代中国特色社会主义思想研究中心从完成结项的课题中精选优秀成果，内容涉及新时代人民城市重要理念、人民城市理论渊源与上海实践、党领导人民城市建设的实践历程与基本经验、新发展理念引领人民城市建设、人民城市理念与新时代生态文明建设、人民城市理念与城市环境治理、人民城市理念与数字化公共服务共享研究等。这些书稿聚焦不同主题，从不同维度深刻阐述了人民城市重要理念的思想内涵和实践要求，是当前上海学术界研究阐释人民城市重要理念的代表性成果。我们希望这套丛书的出版有助于广大读者更为全面、深入地理解和把握人民城市重要理念，更加自觉地用人民城市重要理念指导工作，为把上海建设成具有世界影响力的社会主义现代化国际大都市作出新的贡献。

上海市习近平新时代

中国特色社会主义思想研究中心

2022 年 9 月

目　　录

导　　论

研究人民城市理念与数字化公共服务共享这一问题，首先需要对"共享"这一概念做一梳理。

"共享"一词正式作为政治词汇和书面语言最早出现在 1997 年党的十五大报告中，报告在阐述党在社会主义初级阶段的经济纲领时指出，中国特色社会主义经济的基本目标是"保证国民经济持续快速健康发展，人民共享经济繁荣成果"。此后，"共享"的表述开始频繁在党和政府的相关文件中出现。2002 年党的十六大把"保证人民共享发展成果"作为党的十三届四中全会以来"十分宝贵的经验"之一。2005 年党的十六届五中全会在明确构建社会主义和谐社会的历史任务时，提出要"更加注重社会公平，使全体人民共享改革发展成果"。2007 年党的十七大报告提出，贯彻落实科学发展观必须坚持"发展为了人民、发展依靠人民、发展成果由人民共享"。2010 年十七届五中全会在制定"十二五"规划建议时明确，在全面建设小康社会的关键时期，要走共同富裕道路，"使发展成果惠及全体人民"。党的十八大之前，"共享"尚未上升到重大战略发展理念的高度。

党的十八届五中全会将共享发展作为引领当代中国发展全局的重

1

大战略发展理念提出来，指出"让广大人民群众共享改革发展成果，是社会主义的本质要求，是社会主义制度优越性的集中体现，是我们党坚持全心全意为人民服务根本宗旨的重要体现"。提出"作出更有效的制度安排，使全体人民朝着共同富裕方向稳步前进"。① 党中央强调要牢固树立并切实贯彻创新、协调、绿色、开放和共享五大发展理念。在这五大发展理念中，共享发展理念是其他四个发展理念旨在实现的终极价值目标，对其他四个发展理念发挥着价值统领作用。党的十八届五中全会通过的《中共中央关于制定国民经济和社会发展第十三个五年规划的建议》对五大发展理念作出了不同的表述：（1）创新是引领发展的第一动力；（2）协调是持续健康发展的内在要求；（3）绿色是永续发展的必要条件和人民对美好生活追求的重要体现；（4）开放是国家繁荣发展的必由之路；（5）共享是中国特色社会主义的本质要求。"在党中央倡导的五大发展理念中，前四大发展理念都是以实现共享发展作为终极目标的，它们彰显的都是手段善，只有共享发展理念彰显目的善。"②

党中央提出共享发展理念后，国内外学界围绕它开展了卓有成效的研究。在如何定义"共享发展"这一问题上，学界尚未达成共识。但大多数学者认为，"共享发展"一般是指人民共同享有国家或社会发展的成果。"发展"是指合理的增长或进步。共享发展理念的现实化表现是人民对于改革发展成果有实实在在的幸福感、获得感。

有学者认为，共享主义伦理观有多种表现形式。公共服务伦理即为其中之一，其主要伦理要求是"政府必须增强公共服务意识、提

---

① 《十八大以来重要文献选编》（中），中央文献出版社 2016 年版，第 827 页。
② 向玉乔：《共享伦理研究》，人民出版社 2020 年版，第 6—7 页。

高公共服务能力、创新公共服务方式和承担公共服务责任，以增强公共服务在当今中国的普惠性"①。在一个坚持共享发展的国家里，向广大社会民众提供优质的公共服务是政府不可推卸的道德责任，享有优质的公共服务则是广大社会民众的基本权利。在我们社会主义国家，建构和倡导公共服务伦理既有助于推进我国建设服务型政府的进程，也有助于广大人民群众在共享公共服务中增强对我国社会发展成果的获得感。公共服务伦理价值不论对于哪一层级的政府、哪一地域均具有普遍适应性。

近年来，随着我国互联网、大数据、人工智能等信息技术快速发展，传统的公共服务手段日渐为信息化、数字化、智能化技术所取代。近年来，不少城市相继提出了建设智慧城市的目标。在城市提供数字化公共服务过程中，一些老年人由于不会使用智能手机，因而无法便捷获得数字化公共服务，给生活带来诸多不便，引发了学界对数字鸿沟问题更多的关注，形成了一些研究成果，主要集中在以下两方面：

一是关于数字化公共服务共享发展存在的困境和问题。彭波、严峰（2020）认为，当前中国的数字鸿沟主要体现在 3 个维度：城乡网民规模、互联网普及率和信息化水平。瞿旭晟、段佳乐（2020）通过对 CNNIC 近 6 年（2013—2018）数据的整理和比较发现，随着国内网络尤其是移动互联网的普及，网络第一道数字鸿沟"接入沟"整体上正趋于弥合，但在局部尤其是城乡入网层面的差异仍旧显著；同时，网络使用差异所带来的第二道数字鸿沟"使用沟"整体呈扩

---

① 向玉乔：《共享伦理研究》，人民出版社 2020 年版，第 13 页。

大趋势，在特定应用领域则部分呈现弥合态势。耿晓梦、喻国明（2020）基于多层线性模型分析了我国居民移动互联网使用沟情况，表明互联网多元化的使用正代替使用类型差异成为数字不平等的重要景象。2020年初新冠肺炎疫情发生，引发一场社会生活及生产等各种方式的变革，催生数字化生活方式的普及，加剧了不会操作智能设备的老年人、残疾人士等群体的第二道数字鸿沟。张正丽（2021）认为，网络社会老龄化"数字鸿沟"存在着不信任、不会用、不适用的问题。林宝（2021）认为：在智慧社会，老年人天然处于弱势，主要表现在：老年人传统生活方式的"静"与信息社会生活方式的"动"之间的矛盾；老年人对新应用接受相对"慢"和信息技术应用更新"快"之间的矛盾；老年人数字产品拥有率"低"和信息技术应用门槛相对"高"之间的矛盾；老年人需求的"简"与相关管理、服务供给的"繁"之间的矛盾。就上海来说，虽然上海在互联网、数字化技术使用的普及率位居全国前列，但上海的老年人群体基数大，残障人士也近60万人。由于经济、教育、生理等方面的因素，这些群体是"数字生活"中的弱势群体。李倩、许鑫（2020）对新冠肺炎疫情下上海居民数字化生存能力进行了调研，得出结论：上海市居民在新冠肺炎防疫期间所展现出来的数字化生存能力存在着差异，"仍存在着数字不平等的现象"，如与老年人相比，中青年的数字化生存能力更高。

二是数字化公共服务共享发展的实现路径。黄立鹤、王鹏（2021）提出，要加快信息技术适老化建设，信息基础设施建设应针对老年群体用户特点充分融入适老化设计。建设现代学习体系，提高市民的数字素养。李倩、许鑫（2020）认为，要调动多方资源，对使用沟进行"软"加强；加强代际互动，推行"数字反哺"策略，促进子女协助老年人接触、使用互联网及信息技术。麻宝斌等（2020）认为，需要在相关政策的制定中适当考虑年龄较大群体的实际情况，提供有针对性的、个性化的服务和培训。张英（2021）从政府官员的角度提出上海建设更温暖的国际数字之都，需要市区两级部门将弥合"数字鸿沟"、实现"数字包容"作为项目评审、资金发放、考核评估的必要条件。加强政策引导，增强老年人和特殊群体"数字供给"。

上海是我国智慧城市建设起步较早的城市之一，也是当前我国智慧城市发展水平较高的城市。2011年9月，上海在全国率先发布第一个智慧城市建设规划。在之后的十多年间，上海相继发布推进智慧城市建设的政策文件，着力以智慧化引领城市建设与发展。智慧城市建设中包含了公共服务数字化这一重要内容。十多年来，上海智慧城市建设成效显著，数字化公共服务水平不断提升，城市治理日益精细化。在此发展基础上，2021年10月，上海市人民政府发布《上海市全面推进城市数字化转型"十四五"规划》，其中对上海数字化发展基础与经验进行了总结概括，也为未来推进数字化公共服务明确了方向与目标。2022年6月25日召开的上海市第十二次党代会通过的报告中谈到，五年来上海公共服务更加普惠便捷；城市治理现代化迈开新步伐；城市管理精细化水平持续提升。报告也指出了存在的不足，主要体现在公共服务共享方面，"公共服务供给和保障水平还需要继续提高"，"城市数字化转型特别是治理数字化还要在实战检验中提高水平"。这说明，即便是中国城市中数字化发展水平处于较高位置的上海，在数字化公共服务共享方面仍有不少需要提升和完善的空间。

　　党的十八大以来，习近平总书记提出网信事业发展必须贯彻以人民为中心的发展思想。2013 年 8 月，习近平总书记在辽宁考察时发表讲话并指出："医疗卫生服务加上信息化，如虎添翼啊！要用医疗卫生服务信息化更好为群众服务。"① 2016 年，习近平总书记在网络安全和信息化工作座谈会上的讲话中指出："要适应人民期待和需求，加快信息化服务普及，降低应用成本，为老百姓提供用得上、用得起、用得好的信息服务，让亿万人民在共享互联网发展成果上有更多获得感。"② 习近平总书记在多次讲话中谈到消弭数字鸿沟问题，他主张"要发展信息网络技术，消除不同收入人群、不同地区间的数字鸿沟，努力实现优质文化教育资源均等化"。消弭数字鸿沟，就是为了真正让广大人民群众更好地共享数字化公共服务。2019 年 11 月，习近平总书记在考察上海杨浦滨江时，首次提出"人民城市人民建，人民城市为人民"的重要论断和城市治理理念，党的二十大报告提出在全面建设社会主义现代化国家的前进道路上必须牢牢把握的五个原则之一就是"坚持以人民为中心的发展思想"。强调"维护人民根本利益，增进民生福祉，不断实现发展为了人民、发展依靠人民、发展成果由人民共享，让现代化建设成果更多更公平惠及全体人民"③。这些重大原则和理念为推动新时代中国城市的建设发展治理、提高社会主义现代化国际大都市的治理能力提供了根本遵循。习近平

---

①《习近平关于网络强国论述摘编》，中央文献出版社 2021 年版，第 17 页。

②《习近平关于网络强国论述摘编》，中央文献出版社 2021 年版，第 18—19 页。

③ 习近平：《高举中国特色社会主义伟大旗帜　为全面建设社会主义现代化国家而团结奋斗——在中国共产党第二十次全国代表大会上的报告》，人民出版社 2022 年版，第 27 页。

总书记关于网信事业发展必须贯彻以人民为中心的思想和"人民城市"理念在价值取向方面是完全一致的,都是为了让人民能共享发展成果包括城市数字化公共服务成果。上海在公共服务数字化建设方面走在全国前列,在制度、实践、技术等方面较为成熟,具有较强的代表性。

本书以上海为样本,研究习近平总书记关于"人民城市人民建,人民城市为人民"重要理念及与之相关的共享发展理念,梳理和总结城市在数字化公共服务的共享实践中取得的成效和经验,有利于深化和拓展对习近平新时代中国特色社会主义思想的研究,总结上海落实习近平总书记提出的"人民城市人民建,人民城市为人民"理念的经验。城市建设中、数字化公共服务中存在着的数字鸿沟现象,其背后反映了共享制度机制方面仍然需要进一步完善的问题。本书以数字鸿沟这一问题作为切入点,结合上海实际,通过对城市老年人群体与残疾人士特殊群体的数字鸿沟现状进行调研,了解城市老年人群体和残疾人士群体对于智能技术的需求,综合政策、法律、技术、社会、教育、个体心理等方面因素,提出上海作为特大型城市在进一步完善数字化公共服务共享方面的制度机制,为相关政策部门提供咨询与参考。

本书的研究内容及基本框架包括以下方面:

一是探讨人民城市数字化公共服务共享的理论基础。本部分对马克思主义共享思想进行系统的梳理。本书认为这一思想和习近平总书记提出的"人民城市人民建,人民城市为人民"重要理念具有相通之处,具有相同的价值目标,都是让广大人民群众共享发展成果。阐明马克思主义共享思想和习近平总书记提出的"人民城市"重要理念对于指导人民城市数字化公共服务共享实践的重要意义。

二是分析人民城市数字化公共服务共享的意义与价值。本书认为,人民城市数字化公共服务共享是践行习近平总书记提出的"人民城市人民建"重要理念的需要,有利于促进社会的共同富裕,是发展数字经济、实现城市数字化转型的客观要求,有助于提升城市的软实力。

三是结合上海实际,从历史的视角对上海数字化公共服务共享实践进行梳理,总结实践取得的成效及其经验。近年来,上海坚持将数字治理理念贯穿于城市治理的各个环节,着力推进数字化公共服务发展,全力创建面向未来的智慧化大都市。通过加强信息基础设施建设、全面推广智慧生活应用、构建智慧城市治理体系等手段和措施,使城市服务能级、信息惠民能力得到显著提升,城市治理日益朝着精细化、现代化的方向稳步前进,切实提升了智慧城市的建设能力与水平,为推进现代城市发展奠定了坚实基础。十多年来,特别是党的十八大以来,上海始终坚持党对数字治理的全面领导,以党的全面领导引领城市建设与发展;坚持以人民为中心的价值理念,把人本价值作为推动城市发展的核心取向;坚持城市发展共建与成果共享相结合,在共建中推进共享,以共享引领共建;坚持数字开放与安全相结合,在保障人民群众安全生产生活的基础上稳步推进公共服务数字化转型。这些经验值得提炼和总结。

四是对上海数字化公共服务共享现状进行分析,探讨上海数字化公共服务共享实践存在的不足及挑战。这种探讨不仅仅局限于数字化公共服务共享,还力图从更广阔的视野分析与数字化共享实践有关的问题,如数字法治化、数字的开放度、数据的安全、数据孤岛以及数字化公共服务共建过程中存在的不足和挑战,力图对上海数字化公共服务共享实践存在的不足与挑战有一个全面、系统和总体的把握。

　　五是在对上海数字化公共服务共享实践存在的不足及挑战进行分析的基础上，探讨如何进一步推进上海数字化公共服务共享。分析新发展阶段上海城市数字化公共服务共享面临的新形势，提出上海数字化公共服务共享实践应遵循的若干理念，包括坚持以人民为中心、坚持共建共治共享、尊崇技术的和合理念以及包容性理念等。主张加快完善城市 AIoT 基础设施，为数字化公共服务共享提供坚实的物质前提；完善"两网"及其融合，打造城市数字化公共服务治理格局；弥合数字鸿沟，使城市每个人共享数字化公共服务成果；推进数字化公共服务共享的评价体系建设。

第 一 章

人民城市数字化公共服务共享的理论基础

　　研究人民城市数字化公共服务共享，需要理解和把握这一实践的主要理论基础。我们认为，推进中国特色社会主义人民城市数字化公共服务实践的最终归宿是让人民群众能真正共同享受到数字化公共服务的成果。毫无疑问，这一实践必然以马克思主义的共享思想作为指导思想。基于这样的认识，我们侧重围绕共享这一主题对马克思主义的共享思想做初步分析，同时，基于研究人民城市的数字化公共服务共享实践，因此，对马克思主义的城市思想也有所涉猎。我们知道，共享发展理念是中国共产党第十八届五中全会提出的五大发展理念之一，是以习近平同志为核心的党中央执政理念的新表述，也是对社会主义本质论认识和实践的进一步升华。马克思主义自诞生之日起就具有共享的理论和实践品质，并在实践中形成了马克思主义共享思想的丰富内容。中国共产党将马克思主义共享发展的基本原理与中国实际相结合，进一步发展了马克思主义共享思想。

一、马克思主义经典作家的共享思想

（一）马克思恩格斯的共享思想

在马克思主义经典作家的相关论述中虽然没有"共享"这一表述，但是其著作中，包含了丰富的共享思想。马克思在《关于费尔巴哈的提纲》中明确了自己的任务是要改变以资本主义私有制为主导的世界。所谓"私有制为主导的世界"即指资产阶级私人享有财富的世界，因此，要想改变资本主义这种"私人享有"的资本主义旧世界，必须进行革命，实现财富的共享。恩格斯对于马克思这样评价道，马克思是坚定的无产阶级革命家，他强调的共产党人没有什么特殊利益，代表整个无产阶级利益，无产阶级利益是"不分民族的""共同的"利益。从恩格斯这一论述可知，马克思主义经典作家的思想理论体系中蕴含着丰富的共享思想。具体来讲，马克思恩格斯在对资本主义的批判中阐述了共享的思想，主要体现在以下方面：

1. 马克思对于资本主义制度下造成的劳动异化进行了批判，为实现人与人共享发展的社会形态进行了初步性的理想建构

马克思始终强调劳动是人之所以为人的根本存在方式，既是财富创造的主要手段，也是人的价值的实现过程。也就是说，在这一过程中人通过劳动获得与劳动相匹配的回馈，满足其需要，以体现自身的价值。但是在腐朽、肮脏的资本主义制度下，劳动成果被不劳而获的资本家无偿占有，而在这个过程中工人创造的财富越多、付出的越

11

多、越辛苦，得到的异己的力量也越大、越贫困，工人所能享有的财富越少，亦即工人创造的财富都被资产阶级"私享"。马克思在《1844年经济学哲学手稿》中指出："工人的产品越完美，工人自己越畸形；工人创造的对象越文明，工人自己越野蛮；劳动越有力量，工人越无力；劳动越机巧，工人越愚笨，越成为自然界的奴隶。"①因此，马克思认为应推翻资本主义制度，只有建立共产主义社会才能解决资本主义的"私享"问题。

就城市这一场域来说，马克思和恩格斯的一生主要是在城市度过的。在城市，马克思恩格斯很容易了解到资本主义的生产和生活状况，这为他们观察城市社会提供了便利的条件。马克思恩格斯主要是从批判的角度揭示城市发展的资本属性和人民性的矛盾。他们认为，作为社会财富的主要创造者——工人阶级却未能真正、充分地享受到资本主义城市文明发展的成果。在马克思那里，现代城市是现代生产的空间表现形式，它必然体现受资本控制的属性。这种属性既表现为资本利用空间的属性，又表现为资本把空间变为资本的属性。马克思指出："生产资料越是大量集中，工人就相应地越要聚集在同一个空间，因此，资本主义的积累越迅速，工人的居住状况就越悲惨。随着财富的增长而实行的城市'改良'是通过下列方法进行的：拆除建筑低劣地区的房屋，建造供银行和百货商店等等用的高楼大厦，为交易往来和豪华马车而加宽街道，修建铁轨马车路等等；这种改良明目张胆地把贫民赶到越来越坏、越来越挤的角落里去。另一方面，每个人都知道，房屋的昂贵和房屋的质量成反比，房屋投机分子开采贫困

---

① 《马克思恩格斯文集》第1卷，人民出版社2009年版，第158页。

这个矿山比当年开采波托西矿山赚钱多，花钱少。在这里，资本主义积累的对抗性质，从而整个资本主义财产关系的对抗性质，表现得如此明显，就连英国官方关于这个问题的报告也都充满了对'财产和财产权'的异端攻击。"① 伦敦在马克思时代是最繁华的大都市，但马克思却这样评价道："就住宅过分拥挤和绝对不适于人居住而言，伦敦首屈一指。"② 城市作为一个共同体，按照马克思的观点，应当是属于城市中的每个人的，也就是说，应当是属于城市中的全体居民的。但现实情况是城市的资本属性凌驾于人民性之上，这就造成了城市本身的异化，而克服城市的异化最终要通过人民性制约资本属性的方式来解决。

2. 马克思恩格斯对于资本主义私有制的批判，蕴含着需要变革资本主义私有制，实行公有制，从而才能实现共享的发展思想

马克思在对剩余价值和剥削的本质等进行分析后，又进一步探根究底式地追问，到底什么原因造成工人的劳动成果被资本家无偿占有。马克思认为，对于这一问题，应回到资本主义制度的本身去探究，才能搞清楚这一问题。他认为资本主义私有制是"建立在阶级对立上面、建立在一些人对另一些人的剥削上面的产品生产和占有的最后而又最完备的表现"③。因此，工人阶级的贫困是由于资本主义制度的私有制造成的，要想消除贫困，必须消除资本主义私有制，建立代表工人阶级利益的公有制。马克思恩格斯指出："共产党人可以

---

① 《马克思恩格斯文集》第5卷，人民出版社2009年版，第757—758页。
② 《马克思恩格斯文集》第5卷，人民出版社2009年版，第759页。
③ 《马克思恩格斯文集》第2卷，人民出版社2009年版，第45页。

把自己的理论概括为一句话：消灭私有制。"① 可见，消灭私有制是共产党人的使命，而只有消灭私有制，整个社会的生产资料才能归普通劳动者共同享有，才能实现社会全体成员共享发展成果。

3. 马克思恩格斯认为共享不仅要有好的制度，还要以发展为前提

物质财富共享的实现，要以发展为前提、为基础，否则只能是空中楼阁，所以发展也是无产阶级政党执政的永恒主题。关于发展，马克思恩格斯也有相关论述，他们指出："如果没有这种发展，那就只会有贫穷、极端贫困的普遍化；而在极端贫困的情况下，必须重新开始争取必需品的斗争，全部陈腐污浊的东西又要死灰复燃。"② 基于此，必须在发展中实现共享，大力促进生产力的发展，从而为共享发展奠定坚实的物质基础；实现共享发展还需要分配好劳动成果，以体现劳动正义。马克思恩格斯的社会财富分配理论蕴含着丰富的共享发展思想。马克思一直主张生产的发展要与共享进行有机结合，如此才能真正体现劳动正义，才能实现可持续的共享，而不是短期的共享，也就是说分阶段进行。在共产主义社会的高级阶段，由于生产力高度发达，物质财富极大丰富，可以根据劳动者的需要实现按需分配，但是在共产主义社会的第一阶段，由于生产力发展水平不高，还没有达到按需分配的水平，在这种情况下，只能根据劳动者的能力和贡献的大小，进行分配，即实现按劳分配，正如马克思恩格斯指出："生产者的权利是同他们提供的劳动成比例的；平等就在于以同一尺度——

---

① 《马克思恩格斯文集》第 2 卷，人民出版社 2009 年版，第 45 页。
② 《马克思恩格斯文集》第 1 卷，人民出版社 2009 年版，第 538 页。

劳动——来计量。"① 同时，在共产主义社会的第一阶段要想实现实质平等，还必须通过收入分配制度改革等减少收入差距，实现财富共享。因为在社会主义社会，由于生产力发展水平所限，还不能实现平等共享，但是可以运用政府的宏观调控等实现共享，从而促进社会公平正义，缩小收入差距，使社会成员尽可能获得平等的物质财富，这也体现了无产阶级政党的担当和使命，正如马克思恩格斯在《共产党宣言》中指出："过去的一切运动都是少数人的，或者为少数人谋利益的运动。无产阶级的运动是绝大多数人的，为绝大多数人谋利益的独立的运动。"②

4. 马克思恩格斯强调共享的主体是全体人民

马克思恩格斯的理论体系中蕴含着丰富的共享主体的思想，如在《共产党宣言》中关于无产阶级运动是为大多数人谋利益的表述，体现了共享的主体是全体人民，这也表明马克思恩格斯倡导共享的主体应该被尊重、共享主体的利益和需要应该被满足，因此，应该尊重人民主体地位。马克思恩格斯认为人民是物质财富的创造者、理应是物质财富的享有者。同时，马克思恩格斯还对于资本主义制度下不尊重工人的创造性活动、不尊重工人的主体地位的行径进行了辛辣批判，马克思恩格斯指出："对工人阶级来说，性别和年龄的差别再没有什么社会意义了。他们都只是劳动工具，不过因为年龄和性别的不同而需要不同的费用罢了。"③ 马克思恩格斯的这一论述深刻揭示了资本主义制度下工人的悲惨命运，为了摆脱这一现状，马克思恩格斯指出

---

① 《马克思恩格斯选集》第3卷，人民出版社2012年版，第364页。
② 《马克思恩格斯选集》第1卷，人民出版社2012年版，第411页。
③ 《马克思恩格斯选集》第1卷，人民出版社2012年版，第408页。

要通过斗争推翻资产阶级统治，他们认为，"至今一切社会的历史都是阶级斗争的历史。"① 这也蕴含了马克思恩格斯希望通过斗争实现工人阶级共享劳动成果，以体现工人阶级的主体地位。

5. 马克思恩格斯强调共享的内容是社会财富由全体人民共享

马克思恩格斯在《共产党宣言》中指出："无产阶级将利用自己的政治统治，一步一步地夺取资产阶级的全部资本。"② 从马克思恩格斯的这一论述可知，马克思恩格斯强调要通过斗争争取无产阶级的利益，从而实现对财富的共享。同时，马克思恩格斯也表达了无产阶级对追求平等的诉求和对实现物质财富共享的强烈诉求。马克思主义经典作家对未来理想社会如何实现财富共享进行了理想建构。恩格斯在《共产主义原理》中指出："由社会全体成员组成的共同联合体来共同地和有计划地利用生产力……所有人共同享受大家创造出来的福利。"③ 可见，恩格斯不仅揭示了共享发展的内在必然性，也揭示了共享发展的内在要求。

马克思恩格斯关于共享的论述，特别是对资本主义城市发展成果的不平等占有现象的揭露，启示我们：需要正确处理好城市建设中资本经营性和人民需要性关系。今天中国处于社会主义初级阶段，需要资本的合理存在和发展。城市公共服务的供给有民间资本的参与。特别是近年来数字化公共服务外包过程中，涉及城市诸多文化产业的产品输出，其运行和资本市场关系紧密。因此，如何防范资本逐利性的过分扩张造成忽视民众需求的后果是当今城市建设中数字化公共服务

---

① 《马克思恩格斯选集》第1卷，人民出版社2012年版，第400页。
② 《马克思恩格斯选集》第1卷，人民出版社2012年版，第421页。
③ 《马克思恩格斯选集》第1卷，人民出版社2012年版，第308页。

过程中需要注意的问题。

（二）列宁关于共享发展的思想

在列宁的论著中，尽管没有明确的关于共享发展的论述，但其著作中也闪烁着共享思想的火花。列宁继承了马克思恩格斯的共享思想，同时运用马克思主义共享思想在俄国进行了创新性实践，丰富和发展了马克思主义共享发展思想。

列宁共享思想的形成有其复杂的国际国内时代背景。首先，西方发达资本主义国家主导的帝国主义时代的三对矛盾是列宁共享思想形成的国际背景，即帝国主义与殖民地、半殖民地之间的地区矛盾；无产阶级和资产阶级的阶级矛盾；帝国主义之间的国家矛盾。这三对矛盾导致了阶级矛盾激化，也为列宁带领俄国人民取得革命胜利提供了契机，有利于号召无产阶级起来反抗压迫，建立苏维埃政权，同时也为共享发展提供了制度保障。其次，俄国国内的矛盾为列宁共享思想的形成提供了国内条件，俄国的无产阶级革命和政权建设没有现成的经验可循。列宁指出："对于俄国社会党人来说，尤其需要独立地探讨马克思的理论，因为它所提供的只是总的指导原理，而这些原理的应用具体地说，在英国不同于法国，在法国不同于德国，在德国又不同于俄国。"① 正是基于此，列宁指出应结合俄国国情，提出了俄国在社会主义过渡时期存在 "衰亡着的资本主义与生长着的共产主义彼此斗争"②。从国内来说，当时的俄国存在如下三对矛盾：无

① 《列宁全集》第4卷，人民出版社2013年版，第161页。
② 《列宁全集》第37卷，人民出版社2017年版，第265页。

产阶级与资产阶级、农民小资产阶级的阶级矛盾是政治领域的矛盾；小资产阶级、私人资本主义与国家资本主义、社会主义的矛盾是经济领域的矛盾；而先进文化与落后文化之间的矛盾则是思想文化领域的矛盾。基于这些国内外背景，列宁提出了具有俄国特色的共享发展理论，主要包括以下方面：

1. 列宁强调共享主体是全体劳动者

恩格斯在《共产主义原理》一书中指出："通过产业教育、变换工种、所有人共同享受大家创造出来的福利，通过城乡的融合，使社会全体成员的才能得到全面发展。"① 从恩格斯的相关论述可知，恩格斯强调的共享主体指的是全体人民。列宁对于共享主体作了进一步细化，指出共享的主体是广大劳动者，这是列宁结合俄国当时国情作出的论断。早在1903年，他就指出："我们要争取新的、更好的社会制度：在这个新的、更好的社会里不应该有穷有富，大家都应该做工。共同劳动的成果不应该归一小撮富人享受，应该归全体劳动者享受……这个新的、更好的社会就叫社会主义社会。"② 俄国十月革命胜利后，列宁认为在当时的俄国人民群体中还有一部分人存在反对社会主义事业的心理和行为，因此，需要共享的主体应该是广大劳动者，列宁指出，进入社会主义社会"共同劳动的成果以及从各种技术改良和机器中所得到的好处，都将归全体劳动者、全体工人所有"。③ 同时，列宁还指出在利益维护方面，"社会民主党人要为工

---

① 《马克思恩格斯选集》第1卷，人民出版社2012年版，第308—309页。
② 《列宁全集》第7卷，人民出版社2013年版，第112页。
③ 《列宁全集》第7卷，人民出版社2013年版，第123页。

人——不仅为工厂工人和城市工人，而且也为农村工人。"①

2. 列宁强调要通过经济建设、政治建设和文化建设满足劳动人民的共享需求

列宁指出："镇压反抗的任务目前大体上已经完成，现在提到日程上来的是管理国家的任务。"② 马克思恩格斯关于通过军事政治斗争夺取政权有系列论述，列宁坚持马克思主义这一理论的指导，结合俄国实际，在完成夺取政权这一任务后，开始着手进行经济、政治和文化建设，并把这些工作作为国家工作的重点，如通过经济建设筑牢共享的物质基础。列宁就如何组织好经济建设任务指出："俄罗斯苏维埃共和国取得了和平（虽然是条件极其苛刻和极不稳固的和平），因而有可能在一段时间内把自己的力量集中到社会主义革命最重要和最困难的方面，即集中到组织任务上来。"③ 列宁强调通过政治建设，使得人民政治权益得以保障和共享。列宁指出：根据巴黎公社的经验，苏维埃政权建立后，公职人员将不再是"官僚"和"官吏"，而是负有责任、可以撤换并且领取普通薪金的监工和会计。"我们的目的是要吸收全体贫民实际参加管理工作。"④ 可见，列宁强调通过实际举措维护劳动者的政治权益，以体现劳动者当家作主的权利。在文化建设方面，列宁注重维护俄国人民的文化权益，促进文化发展惠及人民。列宁深刻地认识到文化落后的危害性非常大，不仅是影响社会整体文明素质提升的重要因素，也是官僚主义滋生的温床，列宁指

---

① 《列宁全集》第7卷，人民出版社2013年版，第151页。
② 《列宁全集》第34卷，人民出版社2017年版，第122页。
③ 《列宁全集》第34卷，人民出版社2017年版，第150页。
④ 《列宁全集》第34卷，人民出版社2017年版，第184页。

出："苏维埃政权在原则上实行了高得无比的无产阶级民主，对全世界作出实行这种民主的榜样，可是这种文化上的落后却限制了苏维埃政权的作用并使官僚制度复活。"①

就城市这一场域来说，列宁在研究资本主义生产方式、指导无产阶级革命和社会主义建设中，对于城市问题有精辟的论述。随着社会经济的发展，城市分工有了发展。近代、现代城市形成了体系，随着社会经济的发展，城市分工也有了发展，从规模看，有大、中、小城市；从专业分工看，有以某种专业为主的城市和综合的多功能的城市；从经济联系的范围看，有全国性的中心城市、地区性的中心城市和农村集镇。列宁对于城市体系的本质进行了理论概括。列宁在《关于德国各政党的最新材料》一文中写道："大家知道，在所有现代国家甚至在俄国，城市的发展要比农村快得多，城市是人民的经济、政治和精神生活的中心，是进步的主要动力"②。列宁的这个论断继承了马克思和恩格斯对城市本质的分析，概括了马克思恩格斯逝世后19世纪末和20世纪初各个国家的经济、政治、文化等领域中的新情况，给城市下了一个全面的定义，指明了城市的地位与作用。虽然列宁没有明确地就城市发展成果的共享问题有专门的论述，但在列宁领导建立的苏维埃政权颁布的相关文件中，规定了苏维埃政权的基本任务是"消灭人对人的任何剥削，完全消除社会的阶级划分，无情地镇压剥削者的反抗，建立社会主义的社会组织，使社会主义在一切国家获得胜利"③。十月革命胜利后在俄国建立的苏维埃国家政权对

---

① 《列宁全集》第36卷，人民出版社2017年版，第150页。
② 《列宁全集》第23卷，人民出版社2017年版，第358页。
③ 《列宁选集》第3卷，人民出版社2012年版，第386页。

于国家的基本职能有相关规定，如规定："国家兴办各种文化教育事业，尽量满足劳动群众对知识的渴求，帮助他们享受人类文化、文明的成果"，等等，这些规定实际上是通过制度的方式确立了人民享受发展成果的权利。

二、中国共产党人的共享思想

在新民主主义革命时期，以毛泽东同志为主要代表的中国共产党人就致力于推进公共服务的共享，提出了系列论断，并力求在革命根据地和解放区付诸实践。这一时期，受政治、经济、社会等方面的制约，公共服务的共享水平低、不够系统，中国共产党人的共享思想也不够完善。中华人民共和国的成立，从根本上结束了100多年来中华民族遭受帝国主义侵略压迫的历史，使中国改变了半殖民地的性质，成为真正具有独立主权的国家。占当时世界人口总数1/4的中国人民从此站立起来了，中国人民真正成为新国家、新社会的主人。新中国成立后，随着共享实践的不断推进，中国共产党人的共享思想也不断得到发展。

（一）社会主义革命与建设时期中国共产党人的共享思想

这一时期，中国共产党人的共享思想主要体现在：

1. 重视发展生产力

中国共产党人主张以生产力的发展解决一穷二白的现状，解决吃

21

饱饭的问题。毛泽东同志在《论十大关系》中指出："社会主义革命的目的是为了解放生产力。"① 解放生产力将"大大地发展工业和农业的生产"，也就是说，发展工业的目的主要是为了生产生产资料，发展农业的主要目标是为了生产生活资料，如此，既能满足人民的需要，也能满足社会主义现代化建设的需要。

2. 主张通过社会革命，确立社会主义基本制度，为共享发展提供了制度基础和政治保障

新中国成立后，以毛泽东同志为主要代表的中国共产党人，通过对农业、手工业和资本主义工商业进行社会主义改造，确立了公有制经济的制度基础，为实现共享发展奠定了坚实的制度基础。

3. 强调要处理好国家、集体和个人利益之间的关系

以毛泽东同志为主要代表的中国共产党人，非常注重对广大人民群众利益的维护，在推进社会主义建设中既注重国家和集体利益，也注重个人利益的维护，并明确指出国家和集体利益的实现，离不开个人利益的保障。毛泽东指出："公和私是对立的统一，不能有公无私，也不能有私无公。""个人是集体的一分子，集体利益增加了，个人利益也随着改善了。"② 可见，只有正确处理好国家、集体和个人之间的利益关系，才能为共享发展提供坚强的保障。

就城市这一场域来说，中国共产党人的共享思想反映在其指导城市建设过程中，主要有以下方面的观点：一是强调城市建设管理的主体是广大干部和城市的人民群众。毛泽东强调，城市的建设管理不仅需要领导干部发挥组织、协调、管理作用，而且更需要城市中的广大

① 《毛泽东文集》第7卷，人民出版社1999年版，第1页。
② 《毛泽东文集》第8卷，人民出版社1999年版，第134页。

人民群众发挥建设者的作用。毛泽东指出，城市属于人民，理应由人民自己来负责管理，我们党要区别于国民党统治下的城市管理，让人民自己来管理城市，做城市的主人。二是要适应生产发展和生活改善的需要。新中国成立初期，由于国民党反动派的破坏，城市基础设施残破不堪、十分落后。针对当时城市中普遍存在工人无住房、交通设施不足，供水、排水管道多年失修的状况，1951 年，毛泽东指示政务院有关部门制定和公布《关于进一步整理城市地方财政的决定》，解决了城市基础设施管理和建设的经费来源问题。针对当时城市劳动人民的居住条件与环境极为恶劣的状况，毛泽东指示："现在大城市房屋缺乏，已引起人民很大不满，必须有计划地建筑新房，修理旧房，满足人民的需要。"① 在党中央和毛泽东的支持和领导下，各城市一方面集中力量，改善劳动人民聚居区的路灯、给水站、下水道等基础设施；另一方面，还投入巨资，从 1951 年起开展大规模地修建居民住地的工作。城市基础设施的恰当管理，维护了人民群众的根本利益，使党和人民政府得到了广大人民群众的衷心拥护。三是要从实际出发、遵循节约的方针。1953 年，我国开始实施第一个五年计划。社会主义工业建设的大规模开展，要求城市的基础设施也相应地发展，但出现了不顾我国经济条件而乱建超标准住宅楼、办公楼和重复建设的不良现象。毛泽东和周恩来认为一些设计条件是过高的，不合乎新中国的水准，我们不能指望城市的基础设施能保持几百年，浪费是绝对不许可的。毛泽东总结："一九五五年提倡过节约，重点是在非生产性的基本建设中反对了过高的标准，在工业生产中节约原料，

---

① 《毛泽东文集》第 6 卷，人民出版社 1999 年版，第 148 页。

成绩很大。"① 根据毛泽东的指示，1955 年 7 月中共中央发布了《关于厉行节约的决定》，同时国务院也下达了《关于一九五五下半年在基本建设中如何贯彻节约方针的指示》。毛泽东在城市建设方面提出的许多卓越见解以及采取的有力措施，使新中国成立初期的城市管理达到了可观的水平，保证了城市各项建设事业的发展和人民生活的安定。

（二）改革开放和社会主义现代化建设时期中国共产党人的共享思想

1. 强调生产力发展是共享的物质基础和重要保证

邓小平同志围绕什么是社会主义、怎样建设社会主义的问题，创造性地提出社会主义本质论，多次强调贫穷不是社会主义，必须重视生产力的发展，并强调社会主义必须优越于资本主义，社会主义应是一个共同富裕、生产力高度发达的社会形态。邓小平主张通过实际举措，促进经济的快速发展，才能为广大人民群众共享物质财富提供基础和前提。

2. 强调在发展生产力中应逐步提高人民的生活水平

邓小平同志指出："社会主义阶段的最根本任务就是发展生产力，社会主义的优越性归根到底要体现在它的生产力比资本主义发展得更快一些、更高一些，并且在发展生产力的基础上不断改善人民的

---

① 《毛泽东文集》第 7 卷，人民出版社 1999 年版，第 239—240 页。

物质文化生活。"① 邓小平同志强调共同富裕目标的实现也有利于生产力的发展。邓小平指出："国家这么大，这么穷，不努力发展生产，日子怎么过？我们人民的生活如此困难，怎么体现出社会主义的优越性？"② 社会主义制度作为人类文明形态的高级形态，高于资本主义制度形态，理应加快生产力发展，创造比资本主义更发达的生产力，才能体现社会主义的优越性，才能实现共同富裕和共享发展，广大人民群众才能共享创造的成果。邓小平同志指出："只有不断发展社会生产力，国家才能一步步富强起来，人民生活才能一步步改善。"③ 以江泽民同志为核心的党中央强调，要真正贯彻落实"三个代表"重要思想，在整个现代化建设的过程中，都必须努力使广大工人、农民、知识分子和其他群众共同享受到经济社会发展的成果。

3. 主张在科学发展中，让人民共享改革发展成果

党的十六大以来，胡锦涛同志提出了以人为本的科学发展观。以人为本的科学发展观具有丰富的共享意蕴，可以说共享是对科学发展观的具体化。以人为本和以人民群众为本在本质上是一致的，都是对人性尊严的肯定和认同。同时，科学发展观强调的共享是针对所有群体的、所有人员的共享，是对全社会所有成员的一种共享，因为少数人和多数人享有改革发展成果都不是真正的"共享"，只有全体社会成员享受改革发展成果才是"共享"。中国共产党人强调，维护和实现社会公平和正义涉及最广大人民的根本利益，是我们党坚持立党为公、执政为民的必然要求，也是我国社会主义制度的本质要求。主张

---

① 《邓小平文选》第 3 卷，人民出版社 1993 年版，第 63 页。
② 《邓小平文选》第 3 卷，人民出版社 1993 年版，第 10 页。
③ 《邓小平文选》第 3 卷，人民出版社 1993 年版，第 328 页。

必须让广大人民群众都普遍性地享受到改革发展成果，如此才能体现社会主义核心价值观。

就公共服务来说，长期以来，我国城乡的公共服务处于普遍较低的低层次水平。进入 21 世纪，公共服务模式实现转型。2003 年，党的十六届三中全会提出加强政府社会管理和公共服务职能。2006 年，党的十六届六中全会把逐步实现基本公共服务均等化作为建设社会主义和谐社会的重要目标和基本任务。2007 年，党的十七大将建设服务型政府和完善公共服务体系作为建设中国特色社会主义民主政治的重要组成部分，以实现全体公民公平地获得大致均等的基本公共服务。中国共产党提出的这些奋斗目标是改革开放以来中国共产党共享思想在公共服务实践中的生动体现。

（三）党的十八大以来中国共产党人的共享发展思想

党的十八大以来，以习近平同志为核心的党中央紧紧围绕"两个一百年"奋斗目标，继续推动共同富裕和共享发展的社会主义实践进程。面对全面深化改革所凸显的重点、难点和短板问题，习近平总书记提出以共享发展为新时代发展理念解决中国发展起来之后的问题。习近平总书记科学、系统地阐释了什么是共享发展、为什么要共享发展、怎样实现共享发展，使共享发展理念得到了全面升华。

1. 新时代共享发展理念的提出是基于中国国情变化与社会发展的新需要作出的判断

（1）新时代共享发展理念的提出是应对中等收入陷阱风险的现实选择。2016 年，中国人均 GDP 大约为 8090 美元，跨过了"中高收入门槛"。在这种形势下，中国似乎已经跨越了"中等收入陷阱"。GDP 增长率由 2010 年的 10.4% 下降到 2016 年的 6.5% 左右，经济发展进入了"新常态"阶段，唱衰中国、中国落入"中等收入陷阱"等声音此起彼伏。当前发达经济体人均 GDP 普遍达到 4 万至 5 万美元，世界人均 GDP 已超过 1 万美元，而我国距离人均 GDP1 万美元的中高收入上限尚有差距。此外，我国经济面临着经济发展方式转变滞后、经济结构失衡、人口红利衰减、劳动力成本提高等难题，因而"中等收入陷阱"风险依然存在。我们必须清醒地了解我国当前经济发展的状况，在总结拉美国家以及其他发展中国家"中等收入陷阱"的经验和教训基础上，正确认识经济增长减缓的原因，解决好收入分配不公、差距过大等问题。习近平总书记在十八届五中全会第二次会议上的讲话中对十八届五中全会提出的新发展理念做了深入的阐述，其中专门谈到共享发展理念，他指出："共享发展注重的是解决社会公平正义问题。""让广大人民群众共享改革发展成果，是社会主义的本质要求，是社会主义制度优越性的集中体现，是我们党坚持全心全意为人民服务根本宗旨的重要体现。这方面问题解决好了，全体人民推动发展的积极性、主动性、创造性就能充分调动起来，国家发展也才能具有最深厚的伟力。"①

（2）共享发展理念的提出是全面建成小康社会的战略选择。政治、经济、文化、社会、生态五位一体的全面发展战略是新时代中国特色社会主义的重要布局和方略，全面建成小康社会的提出就是要改变当前不平衡不充分发展的现状，走向"全面发展模式"，以解决在

---

① 《十八大以来重要文献选编》（中），中央文献出版社 2016 年版，第 827 页。

"非均衡发展模式"下难以解决的诸如"地区发展不平衡""收入差距拉大""城乡发展差距扩大"等问题。"十三五"时期是全面建成小康社会的关键阶段，未来几年也是实现全面建成小康社会战略目标的决胜时期。全面建成小康社会与共享发展是高度契合的新发展观，这意味着要让大多数人享受到改革与发展的成果。坚持走共享发展的道路，将是推动全面建成小康社会目标实现的一个战略选择。全面建成小康社会不是部分地区的小康，而是全体人民共享的小康社会。结合我国现阶段的实际情况来看，共享发展理念契合了全面建成小康社会的目标要求，体现了"以人民为中心"的发展思想。

（3）共享发展理念的全面升华是保障民生利益的底线选择。"民生利益关乎人民发展、社会进步和国家稳定，是衡量一个社会和国家现代化水平的重要指标。"[1] 从近年来党中央出台的社会政策及其价值导向来看，民生建设已经进入一个新的历史阶段。在民生建设的方向上，由过去的"从无到有"转向"从有到好"；在民生建设的重心上，由过去的增量改革转向存量改革。从民生的角度看共享发展，我们可以将共享发展看作党中央根据新的历史阶段中民生发展的特点对发展理念做出的调整。共享发展理念进一步强调了民生与发展的辩证关系，强化发展的民生导向，由此实现国家发展从"经济发展"向"共享发展"的跃进。

2. 新时代共享发展理念内涵的全面拓展

根据新时代国情变化和社会发展需要，习近平总书记对共享发展理念展开了全面探索，精辟论述这一中国特色社会主义发展实践的核

---

① 王宁等编著：《共享发展理念研究：让发展成果惠及广大人民》，社会科学文献出版社 2020 年版，第 24—25 页。

心理念，拓展和深化了马克思主义关于社会主义建设的理论，为人类社会探索更加公平、合理，更符合社会全面进步与人的全面自由发展内在要求的发展道路提供了新的方案。具体而言，新时代共享发展理念主要包括以下方面：

（1）共享发展要求发展成果"人人享有、各得其所，不是少数人共享、一部分人共享"。习近平总书记明确指出："广大人民群众共享改革发展成果，是社会主义的本质要求，是我们党坚持全心全意为人民服务根本宗旨的重要体现。我们追求的发展是造福人民的发展，我们追求的富裕是全体人民共同富裕。改革发展搞得成功不成功，最终的判断标准是人民是不是共同享受到了改革发展成果。"①由于资源禀赋、发展条件的差异以及发展能力的差别，再加上体制性、政策性因素，城乡之间、地区之间、行业之间及不同的人群之间，不可能实现同步富裕。这就要求完善社会主义基本经济制度和分配制度，深化收入分配制度改革和社会保障制度改革，加大再分配调节力度，在做大"蛋糕"的同时分好"蛋糕"，努力缩小城乡、区域、行业收入差距，使各阶层、各民族、各地区的人民都能享受到改革发展的成果，不让一个人掉队。"人人享有"的内涵，并不局限于全体人民都能分享到改革发展的成果，更重要的是，人人都能平等享有发展的权利和机会。党的十八大报告将社会主义公平界定为"权利公平、机会公平、规则公平"。这里，人的基本权利，包括法律地位、政治地位以及社会保障权益等的平等，无疑是社会公平最基础、最核心的内容。规则公平要求所有社会规则得到公正地执行，以保障

---

① 《中共中央召开党外人士座谈会》，《人民日报》2015年10月31日。

规则面前人人平等。机会公平则要求赋予每个社会成员平等地参与竞争各种经济、政治、社会、文化稀缺资源的机会，是权利公平和规则公平的最终体现。习近平总书记谈到中国梦归根到底是人民的梦时指出："生活在我们伟大祖国和伟大时代的中国人民，共同享有人生出彩的机会，共同享有梦想成真的机会，共同享有同祖国和时代一起成长与进步的机会。有梦想，有机会，有奋斗，一切美好的东西都能够创造出来。"① 只有充分保障人人享有平等的发展权利，最大限度地创造平等的发展机会，才能将共享发展成果建立在人人参与的基础上，建立在每个人的奋斗基础上，而不是国家的直接提供上。

（2）共享发展的内容是充分与全面的。共享发展要求全体人民"共享国家经济、政治、文化、社会、生态各方面建设成果，全面保障人民在各方面的合法权益"②。随着社会的进步和人民生活水平的提高，人民群众对生活品质、文化精神生活、生态环境保护和政治权利等方面的需求会日益增强，需求的个性化差异也会日益显著。党的十九大报告明确指出："我国社会主要矛盾的变化是关系全局的历史性变化，对党和国家工作提出了许多新要求。我们要在继续推动发展的基础上，着力解决好发展不平衡不充分问题，大力提升发展质量和效益，更好满足人民在经济、政治、文化、社会、生态等方面日益增长的需要，更好推动人的全面发展、社会全面进步。"③ 经过改革开放40多年的发展，我国社会生产力水平明显提高；人民生活显著改

---

① 《习近平谈治国理政》，外文出版社2014年版，第40页。

② 习近平：《在省部级主要领导干部学习贯彻党的十八届五中全会精神专题研讨班上的讲话》，《人民日报》2016年5月10日。

③ 《十九大以来重要文献选编》（上），中央文献出版社2019年版，第8—9页。

善，对美好生活的向往更加强烈，人民群众的需要呈现多样化多层次多方面的特点，期盼有更好的教育、更稳定的工作、更满意的收入、更可靠的社会保障、更高水平的医疗卫生服务、更舒适的居住条件、更优美的环境、更丰富的精神文化生活。因此，实现共享发展决不能满足于保障人民群众享有基本生存条件，而必须立足于推动各项事业发展，促进社会全面进步，不断创造和优化全体人民实现全面自由发展的现实条件。

（3）共享发展要求"充分发扬民主，广泛汇聚民智，最大激发民力，形成人人参与、人人尽力、人人都有成就感的生动局面"①。共享的成果不会从天上掉下来，只有人人参与、人人尽力，才能创造出日益丰富的可供共享的发展成果。"大鹏之动，非一羽之轻也；骐骥之速，非一足之力也。"要实现共享发展，就必须充分尊重和激发人民群众的首创精神，就必须不断完善尊重知识、尊重人才、尊重创造的体制机制，大力营造鼓励创新、包容失败的社会环境，形成大众创业、万众创新的局面，最大限度释放人民群众的创造潜能，让一切劳动、知识、技术、管理、资本的活力竞相迸发，让一切创造社会财富的源泉充分涌流，让发展成果更多更公平地惠及全体人民。

（4）共享发展是一个从低级到高级、从不均衡到相对均衡的过程。共享发展的最终目标是实现共同富裕，但共同富裕不是同步富裕。从某种意义上讲，社会生产力发展在任何时候都无法保证能够让所有个体都享有同等富裕的资源。我国现在仍处于社会主义初级阶

---

① 习近平：《在省部级主要领导干部学习贯彻党的十八届五中全会精神专题研讨班上的讲话》，《人民日报》2016 年 5 月 10 日。

段，生产力发展水平还不高，发展不平衡、不协调、不可持续问题还比较突出，共享发展与人民群众的要求和期待相比差距还很大。推进共享发展，必须立足初级阶段的基本国情，一方面积极回应人民群众诉求，实施好精准扶贫政策，大力推进公共服务均等化，健全公平的分配机制，努力破解共享不均的突出问题，尽最大可能保证低收入群体能够充分享受改革发展的成果；另一方面又要充分认识共享发展的艰巨性、复杂性、长期性，充分考虑客观条件和可承受能力，量力而行，循序渐进。注意克服绝对平均主义思想，防止草率冒进，欲速而不达，避免寅吃卯粮，将注意力完全集中在"切蛋糕"而影响"做大蛋糕"，最终陷入共享贫困、共担停滞的局面。

就城市这一场域来说，长期以来，习近平总书记高度重视城市发展，形成了一系列重要论述，这些论述的出发点和落脚点就是"以人民为中心"，让人民共享城市发展的成果。2014 年 2 月，习近平总书记在北京就建设首善之区考察时强调，"首都规划务必坚持以人为本"①。2017 年 2 月 24 日，习近平总书记在主持召开北京城市规划建设和北京冬奥会筹办工作座谈会上强调，"城市规划建设做得好不好，最终要用人民群众满意度来衡量"②。2019 年 8 月，习近平总书记在甘肃考察时指出，城市是人民的，城市建设要坚持以人民为中心的发展理念。在城市建设的过程中，要坚持"城市的核心是人，城市工作做得好不好，老百姓满意不满意，生活方便不方便，城市管理

---

① 《习近平关于社会主义经济建设论述摘编》，中共中央文献出版社 2017 年版，第 169 页。

② 《立足提高治理能力抓好城市规划建设 着眼精彩非凡卓越筹办好北京冬奥会》，《人民日报》2017 年 2 月 25 日。

和服务状况是重要评判标准"这一理念。2019 年 11 月，习近平总书记在上海考察时提出"城市是人民的城市，人民城市为人民"的重要论断，强调在城市建设中，一定要贯彻以人民为中心的发展思想，无论是城市规划还是城市建设，无论是新城区建设还是老城区改造，都要坚持以人民为中心，聚焦人民群众的需求。这一系列论述，深刻阐明了我国城市发展的主体、宗旨和目标，进一步指明了我国城市发展的根本方向。城市发展，其根本在于实现人的自由全面发展。因此，坚持以人民为中心的城市发展理念，是对人的发展需要的满足，是对人本质的确认与关照，是推动人类进步和发展的根本动力源泉。发展城市，归根结底还是为人民创造美好生活，让人民群众拥有更多的获得感。可见，以人民为中心这一出发点和根本归属，是对人们发展需要的满足，也是实现人的自由全面发展的基础，是人的主体性的回归。习近平总书记关于城市发展的论述是习近平总书记共享发展理念在城市发展实践中的深化和生动展现。这一理念充分彰显了马克思主义理论特质，对于深刻认识和理解城市发展规律、推动城市发展迈向更高质量，具有重要理论和实践指导意义。

第 二 章

人民城市数字化公共服务
共享的意义与价值

公共服务是政府的基本职能。党的十九届四中全会提出："完善政府经济调节、市场监管、社会管理、公共服务、生态环境保护等职能。""完善公共服务体系，推进基本公共服务均等化、可及性。"党的二十大报告提出："健全基本公共服务体系，提高公共服务水平，增强均衡性和可及性，扎实推进共同富裕。"这里所说的基本公共服务均衡性与可及性，实际上蕴含着公共服务由人民群众共享的价值。进入数字化时代，公共服务通过数字的方式来实现已经成为未来的发展趋势，因此适应数字化发展趋势，推进人民群众充分共享数字化公共服务成为党和政府的重要目标。城市是各类要素资源和经济社会活动最集中的地方，在党和国家工作全局中具有举足轻重的地位。城市是人民群众向往的地方，城镇化是人类社会发展的趋势。由此，城市成为市民实现共享数字化公共服务的重要场域。推进城市数字化公共服务的共享，对于建设具有中国特色的社会主义现代化城市，具有极端重要的意义。

一、践行习近平总书记提出的"人民城市人民建"重要理念的需要

2019 年 11 月，习近平总书记在考察上海杨浦滨江时，首次提出"人民城市人民建，人民城市为人民"的重要城市治理理念，以马克思主义唯物史观作为立场、观点、方法，以"人民城市"为核心理念，"深刻阐明了中国共产党领导下的中国特色社会主义城市治理的根本立场和治理路径，深刻揭示了新时代中国城市工作的宗旨与方针、主体与依靠、导向与重心、部署与规划。"① 为推动新时代中国城市的建设发展治理、提高社会主义现代化国际大都市的治理能力提供了根本遵循。

习近平总书记提出的"人民城市"重要理念发展了马克思主义的人本思想。马克思的人本思想内涵丰富，贯穿马克思主义整体内容。马克思认为，实践基础上的人及其活动是本体，"我们的出发点是从事实际活动的人……但不是处在某种虚幻的离群索居和固定不变状态中的人，而是处在现实的、可以通过经验观察到的、在一定条件下进行的发展过程中的人"。② 马克思认识到人民群众是历史的创造者，人类历史是被实践活动中的人创造的。马克思人本主义思想体现出对人的价值和尊严的尊重。在马克思主义这一博大精深的理论中，

---

① 谢坚钢、李琪：《以人民城市重要理念为指导　推进新时代城市建设和治理现代化——学习贯彻习近平总书记考察上海杨浦滨江讲话精神》，《党政论坛》2020 年第 7 期。
② 《马克思恩格斯选集》第 1 卷，人民出版社 2012 年版，第 152—153 页。

"人是目的，是主体，而不是手段、客体，人的解放和全面而自由的发展才是目的。"①"人的自由而全面发展"体现在人站在实践活动中实现自我价值的需要，而这种实现自我价值也是基于人是社会性动物这一前提的，也就是说，人会产生和"他物"之间的关系。

就城市这一场域来说，生活于城市中的居民对所在城市存在归属感和认同情感。此时，"人民"已经不再局限于个人的需求满足和价值实现，而是延伸至人与人之间的互动关系网络的建立。因而将一个人的自由发展转变成为所有人的自由发展，体现出城市共同体的共享理念。习近平总书记提出的"人民城市人民建，人民城市为人民"理念彰显了人民是城市的主体。人民不是作为构成城市的独立个体而存在，而是和城市本身构成了一种从情感、利益、交往等方面的难以割裂的关系，因而城市中的"人民"已经构成了城市的一个细胞，其一举一动关乎城市发展的成效。马克思主义认为，作为历史的创造者，人类是社会发展的根本动力以及历史进步的最终推动力量。就城市来说，城市建设的主体是人民，人民通过实践活动参与城市建设和治理，但同时人民也是城市发展成果的享有者。但现实中城市建设存在 GDP 崇拜、"物化城市"现象。"城市基层政府有时面对自上而下的压力，急于推动一些经济社会项目，容易忽视民众的真正需要，甚至在一定程度上损害居民利益。近几年，不少城市以推进城市治理的升级改造为目标，取缔了街道旁的小商小贩、关闭个体店铺、收回部分摊位等，这样的管理手段带来的不仅仅是环境治理、卫生整洁之表

---

① 吴新叶、付凯丰：《"人民城市人民建，人民城市为人民"的时代意涵》，《党政论坛》2020 年第 10 期。

面目标，也有驱赶外来人口的隐含理路。"① 城市居民包括在其居住、生活的所有居民。上述这些做法实际上是忽视人民的存在，将人民当成城市的旁观者甚至是客体。美国著名学者刘易斯·芒福德通过对人类城市的起源、功能、结构、属性、机理、目的、方向、本质以及城市与人类的关系的分析得出结论："当今城市文明若想继续发展进步，首要任务就是恢复人类基本人文活动和古老价值理想。未来建设的新城市的任务是把人类最高利益安置在人类各种活动的核心位置，把被撕裂的人格人性重新组合成健全的整体。"② 实际上也注意到城市建设的主体是人民。习近平总书记提出"人民城市"理念，是对过去城市建设的思想和实践方面存在偏差的正本清源，为城市建设提供了科学的思想指导。

习近平总书记提出的"人民城市"理念是对中国传统民本思想的继承和超越。中国古人很早就有"民惟邦本，本固邦宁"的警醒。荀子提出"水能载舟，亦能覆舟"，阐明了统治者与百姓的关系。古人的民本思想有其局限性，但作为中华历史文化的组成部分，对于后来历代统治者产生了深远的影响。中国共产党作为一个先进的无产阶级政党，一经诞生，就把为中国人民谋幸福、为中华民族谋复兴确立为自己的初心使命，这也是对中国传统的民本思想的继承和发展。进入新时代，习近平总书记从城市发展的视角提出的"人民城市"理念，是对中国传统民本思想的超越。这一理念肯定了人民的主体地

① 何雪松、侯秋宇：《人民城市的价值关怀与治理的限度》，《南京社会科学》2021年第1期。
② ［美］刘易斯·芒福德：《城市发展史——起源、演变与前景》，宋俊岭、宋一然译，上海三联书店2021年版，第531页。

位，主张城市建设的主体是人民。如果城市建设离开了人民群众，城市不可避免地会走向衰败。城市发展的目标在于满足人民群众的需求，而不是仅仅为了城市本身的光鲜。城市发展的成果应该由人民群众共同享有，这是城市建设的最终目标。习近平总书记提出的"人民城市"理念由于具有深厚的中华优秀文化的底蕴，一经提出即受到广大人民群众的高度认同。

随着互联网技术使用的日益普遍以及数据技术的愈加成熟，当今许多城市相继提出建立智慧城市、推进城市数据化转型的目标，公共服务也日益数据化。特别是新冠肺炎疫情暴发后，公共服务数字化应用的步伐日益加快，而与此相对照的是，城市却出现了诸多数字弱势群体，不能充分参与城市建设，也不能充分地享受到城市公共服务数字化的成果。习近平总书记指出："网信事业要发展，必须贯彻以人民为中心的发展思想"，"要适应人民期待和需求，加快信息化服务普及，降低应用成本，为老百姓提供用得上、用得起、用得好的信息服务，让亿万人民在共享互联网发展成果上有更多获得感"。① 习近平总书记提出的"人民城市"理念和习近平总书记关于网信事业发展的论述为实现城市公共服务数字化共享实践提供了根本的思想遵循。

二、有利于促进社会的共同富裕

2021年10月，习近平总书记在《求是》杂志发表题为《扎实推

---

① 《习近平关于网络强国论述摘编》，中央文献出版社 2021 年版，第 18—19 页。

动共同富裕》的文章，为共同富裕赋予了新的内涵。习近平总书记指出："共同富裕是社会主义的本质要求，是中国式现代化的重要特征。我们说的共同富裕是全体人民共同富裕，是人民群众物质生活和精神生活都富裕，不是少数人的富裕，也不是整齐划一的平均主义。"习近平总书记强调："现在，我们正在向第二个百年奋斗目标迈进。适应我国社会主要矛盾的变化，更好满足人民日益增长的美好生活需要，必须把促进全体人民共同富裕作为为人民谋幸福的着力点，不断夯实党长期执政基础。"主张"我国必须防止两极分化，促进共同富裕，实现社会和谐安定"。强调总的思路是坚持以人民为中心的发展思想，在高质量发展中促进共同富裕。到 2035 年，全体人民共同富裕取得更为明显的实质性进展，基本公共服务实现均等化。[①] 在庆祝中国共产党成立 100 周年大会上的重要讲话中，习近平总书记以深厚的人民情怀和坚定的人民立场，从为人民谋幸福的着力点和推动人的全面发展的高度，科学地阐述了新时代新征程推动实现共同富裕的重大问题，提出了"全体人民共同富裕取得更为明显的实质性进展"的重大历史任务。习近平总书记关于共同富裕的论述为新阶段推进共同富裕提供了科学指引。

《中共中央国务院关于支持浙江高质量发展建设共同富裕示范区的意见》对共同富裕概念下了一个定义："共同富裕具有鲜明的时代特征和中国特色，是全体人民通过辛勤劳动和相互帮助，普遍达到生活富裕富足、精神自信自强、环境宜居宜业、社会和谐和睦、公共服务普及普惠，实现人的全面发展和社会全面进步，共享改革发展成果

---

① 习近平：《扎实推动共同富裕》，《求是》2021 年第 20 期。

和幸福美好生活"的一种社会状态。《意见》提出了共建共享的原则，即"弘扬勤劳致富精神，鼓励劳动者通过诚实劳动、辛勤劳动、创新创业实现增收致富，不断提高劳动生产率和全要素生产率。充分发挥市场在资源配置中的决定性作用，更好发挥政府作用，体现效率、促进公平，坚决防止两极分化，在发展中补齐民生短板，让发展成果更多更公平惠及人民群众"。显然，党中央在制定共同富裕政策过程中，已经将共享发展作为其中的一个议题进行谋划。

应该看到，共享发展与共同富裕是不同的概念，所谓共享发展，就是"让每个人获得发展自我和奉献社会的机会，共同享有人生出彩的机会，共同享有梦想成真的机会，保证人民平等参与、平等发展权利，维护社会公平正义，使发展成果更多更公平惠及全体人民，朝着共同富裕方向稳步前进"①。可见，共享发展不仅指人人有平等的权利享受经济、政治、文化、社会、生态等看得见的有形的发展成果，着重从再分配层面使人民切实获得满足感，还指人人享有的尊严、价值、追求等主观感受得到尊重和保护的权利。也就是说，共享发展不仅包括物质层面的生产、分配与享有，还包括精神层面的认同。"共享发展是在经济社会发展达到一定水平之后，要为经济和社会发展做出贡献的所有人共享社会发展和社会改革的成果。"② 而共同富裕则是在生产力比较发达和物资充足的条件下，全体社会成员共同达到富裕的生活状态。共同富裕虽然首先体现在物质层面的丰裕，

①　习近平：《出席第三届核安全峰会并访问欧洲四国和联合国教科文组织总部、欧盟总部时的演讲》，人民出版社 2014 年版，第 25—26 页。
②　王宁等编著：《共享发展理念研究——让发展成果惠及广大人民》，社会科学文献出版社 2020 年版，第 41 页。

但若是将共同富裕单纯理解为物质层面的富裕，则是片面的和狭隘的。共同富裕既包括物质层面的富裕，也包括精神层面的富裕。从这一视角去理解共享发展，共享发展则是通往共同富裕的桥梁、途径和条件。共享发展不仅指涉物质层面的共享，还涵盖政治、经济、文化、社会、生态等非物质层面的共享。共享发展是在实现共同富裕目标的基础上更强调社会发展成果（物质与非物质）全面共享的方略，虽然共享的程度不如富裕的程度高。也就是说，共同富裕是共享发展所要达到的目标，共享发展是实现共同富裕的有效途径和条件。二者虽然在程度、内涵等方面存在差异，但都是为了保障人民的根本利益，提高人民的生活质量和幸福指数。由此观之，共享发展是实现共同富裕的内在规定和本质属性。

共同富裕具有鲜明的让改革发展成果更多更公平惠及全体人民的共享性。共同富裕既不是平均主义也不是两极分化，确保不同群体具有获得财富和优质公共服务的公平权利。实现共同富裕需要基于社会成员基本需求和政府基本职责，设计一整套包括就业、教育、社会保障、健康服务、生活服务、文化体育、环境保护、公共安全等在内的基本公共服务体系，在社会制度建构中保证所有人机会均等，最大限度地推进民众有能力和机会均等地参与经济社会高质量发展，并在分配正义上共享高质量经济社会发展的成果，最大限度地补偿和克服"马太效应""阶层固化"对社会弱势群体行使自由权利和可行能力的影响。有学者构建出了共同富裕的指数模型，其中就包括共享性指标，这些指标用以反映改革发展成果是否公平地惠及全体人民，从教育、医疗、社保、精神等方面衡量人民对美好生活的期待与现有发展之间的差距。在共享性指标方面，依据幼有所育、学有所教、劳有所得、病有所医、老有所养、住有所居、弱有所扶等全生命周期民生需求，共享性指标下设教育、医疗健康、社会保障、住房、公共基础设施、数字应用、公共文化、精神富足 8 项二级指标。数字应用的指标用于衡量信息化发展度，下设移动电话普及率、互联网普及率、依申请政府服务办件"一通办"率 3 项三级指标，前两项反映公众使用移动电话和接触互联网程度，最后一项则反映政务服务数字化水平，衡量群众、企业办事便利度。在中国，共同富裕建设的主体是各地政府，核心落脚点在人民，共同富裕是物质富裕和精神富裕的统一。公共文化（精神富足）用于反映公众享受公共文化服务水平和精神富足状况，主要包括人均教育文化娱乐消费支出、农村文化礼堂覆盖率、人均拥有公共图书馆藏量、居民综合阅读率、群众幸福感获得感调查 5 项三级指标，反映人民群众满意度和认同感。[①]

为人民群众提供公共服务是各级政府的职责所在，也是对政府彰显和信守公共服务伦理的重要体现。公共服务伦理是一个通过解决社会民众最关心、最直接、最现实的利益问题来彰显政府道德关怀的伦理价值体系，其主要伦理要求是政府必须增强公共服务意识、提高公共服务能力、创新公共服务形式和承担公共服务责任，以增强公共服务在当今中国的普惠性。"在一个坚持共享发展的国家里，向广大社会公众提供优质的公共服务是政府不可推卸的道德责任，享有优质的公共服务则是广大社会民众的基本权利。"[②] 进入数字化时代，特别是新冠肺炎疫情暴发后，公共服务的数字化日益普遍。这些公共服务

---

① 陈丽君、郁建兴、徐铱娜：《共同富裕指数模型的构建》，《治理研究》2021 年第 4 期。

② 向玉乔：《共享伦理研究》，人民出版社 2020 年版，第 13 页。

不仅与人民群众的物质生活有关，也更多地与人民群众的精神生活需要有关，而这些精神生活的满足相当一部分是来自政府提供的公共文化产品。"在推动实现共同富裕上，只是注重人们经济财富的增长和物质生活的富裕，而忽视人们精神生活方面的共同富裕，必然会产生公共文化产品和公共文化服务供给上的厚此薄彼的不均衡、不协调现象，还会忽视现代信息网络社会人们在虚拟网络世界的生活消费问题，出现网络社会形成强势群体与弱势群体的严重分化，产生网络富人与网络贫民的对立，最终导致整个民族的文化衰落和道德沦丧，使全社会的主流文化价值观和意识形态无法处于主导地位，从而引发社会混乱和不稳定。"① 进入数字化时代，只有当数字化公共服务成果为广大人民群众所共享，"当人们深切感受到他们享有了社会发展带来的丰硕成果，他们的心灵世界会形成一种非常满足的充实感"②。这就是我们每一个人在共享发展过程中所拥有的"获得感"。因而，共享有利于提升人民群众的获得感、幸福感，从而进一步促进共同富裕。

三、发展数字经济、实现城市数字化转型的客观要求

20 世纪 90 年代初，随着 ICP/IP 协议、万维网（World Wide Web）协议先后完成，互联网迈开了快速商业化步伐，各种新型商业模式和互联网服务被开发出来并推向市场，涌现出一大批互联网企

---

① 方世南：《新时代共同富裕：内涵、价值和路径》，《学术探索》2021 年第 11 期。
② 向玉乔：《共享伦理研究》，人民出版社 2020 年版，第 12 页。

业。针对这一现象,有学者提出了"数字经济"概念。根据 2016 年 G20 杭州峰会通过的《二十国集团数字经济发展与合作倡议》,所谓"数字经济",是指以使用数字化的知识和信息作为关键生产要素、以现代信息网络作为重要载体、以信息通信技术的有效使用作为效率提升和经济结构优化的重要推动力的一系列经济活动。[①]

2008 年国际金融危机爆发后,随着 3G 移动通信网络的普及和移动智能终端的出现,数字经济发展进入移动化阶段,共享经济、平台经济等新业态新模式迅猛成长。近年来,随着大数据、云计算、物联网、人工智能等技术发展并进入商业化应用,数字技术的赋能作用进一步增强,并加快向国民经济各行业渗透,推动经济向数字化、网络化、智能化方向转型。数字经济的规模和范围得到极大扩展,涵盖了以数字技术为支撑、以数据为重要生产要素的丰富的产品、服务、商业模式、业态和产业。在自身内在发展规律和各国政策的推动下,数字经济发展呈现出颠覆性创新频发、全球科技产业竞争加剧、数字经济治理不断加强的特征与趋势。从我国现状来看,近年来,我国依托国内超大规模市场,加快基础设施建设、强化科技创新、促进创新创业,推动我国数字经济保持快速发展势头,在消费互联网等领域形成明显优势,成为推动世界数字经济发展的主要力量,主要表现在:数字基础设施完善、数字经济规模大、数字平台企业强、新企业不断诞生、数字技术进步快。[②]

党的十八大以来,以习近平同志为核心的党中央高度重视数字经

---

① 郭峰:《数字经济在抗击新冠肺炎疫情中的作用与问题:一个文献综述》,《产业经济评论》2021 年第 1 期。

② 史丹、李晓华:《打造数字经济新优势》,《人民日报》2021 年 10 月 15 日。

济发展。2021年10月18日，习近平总书记在主持中共中央政治局第34次集体学习时专门就发展数字经济做了重要讲话。他指出，近年来，互联网、大数据、云计算、人工智能、区块链等技术加速创新，日益融入经济社会发展各领域全过程，数字经济发展速度之快、辐射范围之广、影响程度之深前所未有，正在成为重组全球要素资源、重塑全球经济结构、改变全球竞争格局的关键力量。要站在统筹中华民族伟大复兴战略全局和世界百年未有之大变局的高度，统筹国内国际两个大局、发展安全两件大事，充分发挥海量数据和丰富应用场景优势，促进数字技术与实体经济深度融合，赋能传统产业转型升级，催生新产业、新业态、新模式，不断做强、做优、做大我国数字经济。与此同时，习近平总书记高度重视数字经济对于国家的经济、社会、民生等方面的影响。习近平总书记在主持中央政治局集体学习及外出考察中作出过多次指示。2017年12月8日，习近平总书记在十九届中央政治局第2次集体学习时的讲话中指出："要运用大数据促进保障和改善民生。大数据在保障和改善民生方面大有作为。要坚持以人民为中心的发展思想，推进'互联网+教育'、'互联网+医疗'、'互联网+文化'等，让百姓少跑腿、数据多跑路，不断提升公共服务均等化、普惠化、便捷化水平。"2019年10月24日，习近平总书记主持十九届中央政治局第18次集体学习时的讲话中强调，推动区块链技术在教育、就业、养老、精准脱贫、医疗健康、商品防伪、食品安全、公益、社会救助等领域的应用，为人民群众提供更加智能、更加便捷、更加优质的公共服务。2020年3月31日，习近平总书记在浙江杭州城市大脑运营指挥中心考察调研时的讲话中指出：要"运用大数据、云计算、区块链、人工智能等前沿技术推动城市管理手段、管理模式、管理理念创新，从数字化到智能化再到智慧化，让城市更聪明一些、更智慧一些，是推动城市治理体系和治理能力现代化的必由之路，前景广阔"①。

数字经济与公共服务密不可分，数字经济的崛起为公共服务数字化带来了机遇，公共服务本身也可以使数字经济做强做大，但同时也对数字化公共服务提出了相应的要求。譬如，银发经济便是我国进入老年社会所带来的新的经济增长点。当前，我国银发经济处于起步阶段，供需结构性矛盾较为突出。从需求侧看，随着经济发展水平不断提高，社会保障制度不断完善，我国老年人口消费结构和方式日趋多元化，正从传统的"衣、食、住、用、行"等消费向医疗保健、康复护理、旅游休闲等服务消费不断拓展。从供给侧看，支持银发经济发展的政策体系尚不健全，针对老年群体的高质量产品和服务供给整体不足、市场主体规模较小、产业能级较低，相关企业产品开发和自主创新能力相对较弱。缓解供需矛盾，需要进一步规范行业发展，持续激发市场主体活力，让银发经济更好造福老年群体。推动银发经济高质量发展，需要积极开发适老化技术、设施和产品，提升市场规范化水平。大力发展适老生活用品和老年功能代偿产品市场，推动养老服务业与健康、家政、体育、文化、旅游等产业融合发展。在满足差异化、个性化需求的同时，充分考虑老年人使用习惯，为老年人提供更安全、更专业的产品和服务。推动银发经济高质量发展，需要在提升产品和服务数字化、智能化水平的同时，帮助老年群体更好跨越"数字鸿沟"。老年产品和服务的数字化、智能化是大势所趋，但在现实生活中，不少老人不会上网、不善于使用智能手机，相关产品和服务如果一味追

———————

① 《习近平关于网络强国论述摘编》，中央文献出版社 2021 年版，第 22—23、143 页。

求数字化、智能化，反而会给老年群体带来极大不便。这就要求相关产品和服务必须在数字化、智能化与适应老年人使用习惯之间找到平衡点，做到这一点是数字经济顺应大势得以健康发展的必然要求。

数字经济的发展导致数字社会的形成与发展。数字社会作为一种特定的技术与社会建构及社会文化形态，它建立在数字化、网络化、大数据、人工智能等当代信息科技快速发展和广泛应用的基础之上。数字社会并非是生产力高度发达、基础设施高度完善、城市管理高度智慧的代表。因为数字经济的产品与服务是为人服务和使用的，因而数字经济与数字社会的发展必然考虑到"人"在社会中起着主导作用的实在。智能化并不简单等同于人性化，智能技术的进步也不必然带来人性化的进展，让智能技术充满人性色彩，让技术触角到达不了的地方同样充满真情，需要用爱心和关怀来加温。只有当智能化的发展能够充分体现人性化色彩之时，智能化建设才能真正深入人心。可见，数字社会既是信息技术高度发达的社会，更是充满着人性关怀和文明温度的社会。"数字社会建设既要智能化，更要人性化，需要二者相得益彰、齐头并进。统筹推进智能化、人性化协调发展，数字社会建设才能根深叶茂、行稳致远。"①

四、助力提升城市的软实力

"软实力"（Soft Power）这一概念，是由美国学者约瑟夫·奈于

---

① 邹翔：《数字社会建设既要智能化更要人性化》，《中国党政干部论坛》2020年第12期。

1990 年提出的，最早应用于国际关系领域，是相对于基础资源、经济总量、硬件设施、军事力量、科技力量等"硬实力"（Hard Power）而言的，指一个国家的文化、价值观念、社会制度等影响自身发展潜力和感召力的因素，包括政治力、文化力、外交力等软要素。"软实力"理论传入中国后，迅速得到了城市管理者的青睐和推崇，因而有了"城市软实力"这一概念。我们可以理解为城市软实力是"软实力"概念在城市研究中的具体运用。就城市软实力的内涵而言，虽然目前学界对此尚未达成共识，但是，一般来说，城市软实力包括城市的影响力、感召力、吸引力。城市软实力的内涵十分丰富，随着经济、社会以及科技的发展，其内涵也常处于动态发展过程中。

伴随着新兴科学技术的迅猛发展，人类社会正历经第四次工业革命。大数据、云计算、人工智能与区块链等数字技术不仅为人类的生产、生活、思维方式带来重大变革，也深刻影响着经济社会发展以及国家治理。2020 年突发的新冠肺炎疫情，加快了各行各业的数字化进程，倒逼组织的运作模式及组织结构变革，综合赋能社会治理。数字化技术的应用无疑为城市软实力注入了新的内容，成为提升城市软实力新的增长点。近年来，数字化在政府公共服务中也得到日益普遍的应用，特别是在城市中，数字化公共服务成为推进城市数字化转型的重要内容。从人民群众共享城市数字化公共服务这一角度看，城市的软实力体现在以下方面：

一是城市居民在使用城市数字化公共服务过程中的满意度。需要明确的是，城市为人民群众提供的数字化公共服务的基础设施属于城市的硬实力范畴，而城市居民在使用城市数字化公共服务中的感受则可以归结为城市软实力的范畴。由于城市居民在经济、文化程度、对数字技术的掌握和使用等方面存在着差异，于是产生了"数字鸿沟"。当今时代，通信技术以及数字技术的发展深刻影响和改变了人民的社会生活方式和社会交往方式。青壮年作为与技术进步共同成长的一代，无疑是最大的受益者，但是作为"银发一族"的老年人与数字社会和数字世界之间存在巨大的沟壑，成为了数字时代的弱势群体。老年人相较于年轻人而言，对新鲜事物接受慢，在互联网时代，老年人"数字鸿沟"问题不断凸显，主要体现在部分社会功能受限。不管是在家庭领域，还是在社会领域和经济领域，因老年人对互联网的使用较少或不使用互联网，影响到了其对相关信息的了解以及利用网络解决问题的能力，尤其在提供儿童照护资源、参与政治和公益活动等方面。当前，我国处于疫情防控的常态化时期，乘坐公交车需要手机扫码登记，互联网使用率较低的老年人的出行购物都受到限制，严重降低了老年人的生活满意度。[①] 毫无疑问，评价一个城市的软实力需要将城市居民使用公共服务的满意度纳入评价体系中。试想，一个城市中，如果不少人特别是老年人在使用数字化公共服务过程中获得较低的满意度，其城市软实力必然打折扣。这也反过来说明城市居民使用数字化公共服务的满意度对于城市软实力建设的重要性。实际上这也反映了一个城市的治理能力与治理水平。2018 年 11 月初，习近平总书记在上海考察时强调："走出一条中国特色超大城市管理新路子，不断提高城市管理水平。""一流城市要有一流治理，要注重在科学化、精细化、智能化上下功夫。"在数字技术日益融入百姓生活的时代，城市管理者只有将市民使用数字化公共服务的满意度纳

---

① 董明媛、张琳：《社会网络、经济地位与老年人的数字鸿沟》，《决策与信息》2021 年第 10 期。

入城市软实力的范畴，才能真正彰显城市治理的人性化，体现城市的暖色调，提升城市的影响力。

二是政府公共数据的开放程度。对于"数据开放"，中国社会目前还存在不少误解。实际上，信息公开与数据开放是两个完全不同的概念。政府数据开放是政府信息公开在大数据时代的深入发展。政府信息公开是政府数据开放的基础，政府数据开放则使政府信息公开在深度和广度上都达到了新的水平。两者既相辅相成，又各有侧重。第一，在开放的层面上，"数据"与"信息"之间存在差异，"数据"是第一手的原始记录，未经加工与解读，不具有明确意义，而"信息"是经过分析加工后被赋予意义的数据。传统的"政府信息公开"侧重于信息层的公开，而"政府数据开放"则将开放的层面推进到了数据层。政府在网站上"发布"的政府数据如果是经过加工的、不完整的、非机读的，是无法被社会充分开发和再利用的，那么这些数据就不属于开放的数据。因此，政府数据开放不完全等同于政府数据发布。第二，在开放的目的上，政府信息公开的重心在于"知"，旨在保障公众的知情权，提高政府透明度，强调公开的政治和行政意义；而开放政府数据的重心在于"用"，旨在开发政府数据的价值，保障公众利用政府数据的权利，强调开放的经济与社会价值。第三，在实施过程中，实施政府信息公开的重心在于政府一方，政府公开信息后即已达到目标，而数据开放则需要同时注重政府和用户两个方面，以及两者间的互动关系。开放政府数据本身不是最终目的，使数据得到充分利用并产生价值才是根本目的。① "开放也不一定代表免

---

① 本书编写组：《大数据：领导干部读本》，人民出版社 2015 年版，第 251 页。

费，因为开放是有成本的，企业可以以收费的形式开放数据。开放也可以有层次、有范围，针对某个特定的组织和群体进行开放，不一定面向全体社会公众。"① 在公共决策与公共服务领域，政府部门是收集公众数据的主力军，政府部门带头开放数据是城市软实力的重要内容。有学者认为，"开放即创新。在数据时代，人们认识到，开放本身就是实现创新的方式，这是一个巨大的思维方式的突破。传统的工业文明体系很大程度上是一个'保守秘密'的文明体系。"② 当前中国许多城市提出要实现数字化转型。依此理解，要做到这一点，数据的开放是必然的选择。数据开放能激发全社会的智慧和创意，产生巨大的数字红利。数据开放也是数据驱动和数据治理的基本要求，会使社会运行更为有效。

三是市民对于城市公共事务管理的参与度。对于城市来说，人民群众共享数字化公共服务所追求的"获得感"在本质上是基于主体体验而形成的情感，只有社会成员真正参与社会公共事务治理才能获得满足。"从某种意义上说，我们现阶段存在的各种社会矛盾也跟未能让民众充分'共享'社会发展成果，在社会发展和制度建构中未能让民众参与'共建'有关"。③ 共建的核心是多元参与，是调动全民的积极性和创造力，使其投身到社会主义事业中，实现发展目标和发展动力的统一。参与主体的多元化强调的是多元主体对发展权利的共享。从我国的发展形势来看，这种指向多元参与的共建格局是在坚

---

① 涂子沛：《大数据》，广西师范大学出版社 2015 年版，第 10 页。
② 张建锋编著：《数字治理：数字时代的治理现代化》，电子工业出版社 2021 年版，第 123 页。
③ 王宁等编著：《共享发展理念研究——让发展成果惠及广大人民》，社会科学文献出版社 2020 年版，第 105 页。

持"党委领导"和"政府负责"的基础上形成的一种全民参与、共建共享的社会发展新态势。就共建和共享的逻辑关系而言，共建是共享的前提和基础，是共享的实现路径，也是共享的过程。全民共建是对社会发展权利的共享，而且共建的水平越高，共享的基础就越坚实，没有全体民众的共同参与，共享发展只能是无本之木。只有全民共同参与社会建设，共同承担社会转型发展的成本，共同享有发展成果，才能使共享成为可能。这种意义上的共享是共享发展的真谛，是通过人人参与、发扬民主、汇聚民智，调动全体民众推动社会发展的积极性和创造性，通过全民共建推动社会发展，在社会进步中实现更高水平的共享发展。共享发展之"共享"不仅是物质成果的共享，还包括公共价值、公共精神的共享，这就需要社会成员在参与社会事务的过程中保持公共利益和个人利益的平衡，在责任担当和权利共享中参与社会建设，促进社会发展。离开共建谈共享是不完整和不全面的，城市的软实力反映在城市公共事务共建上，而这和数字化公共服务共享密切相关。

四是公共服务数据的安全程度。信息技术广泛应用和网络空间兴起发展，极大促进经济社会繁荣进步，同时也带来了新的风险和挑战。数字政府建设，必须要把数据安全放在首位，一个城市的软实力不仅包括人民群众在现实空间的安全感，也包括在使用网络数据时的安全感。公共服务部门在为人民群众提供数字化服务过程中需要收集公民的数据，公民在下载公共服务 APP 时需要提供公民个人的诸多信息。特别是在新冠肺炎疫情防控过程中，不少场合需要公民进行人脸识别，这让不少平时处事谨慎的市民产生疑虑，生怕个人信息泄露、被不良分子盯上。部分银发老人不敢使用智能手机的原因之一即是担心使用智能手机上当受骗。中国互联网络信息中心发布的第 48 次《中国互联网络发展状况统计报告》显示，截至 2021 年 6 月，网民中遭遇个人信息泄露的比例为 22.8%；遭遇网络诈骗的网民比例为 17.2%。[①] 部分市民产生的这种不安全感并非纯粹来自物理空间，而更多地是由虚拟社会所带来的。显然，人民群众在共享数字化公共服务过程中，公共服务部门必须考虑到数据的安全，这应当成为一个城市的软实力的重要组成部分。

---

① 中国互联网络信息中心：《第 48 次中国互联网络发展状况统计报告》，第 61 页。

第 三 章

上海推进数字化公共服务共享：
实践、成效与经验

　　全面推进城市数字化转型，是践行习近平总书记"人民城市人民建，人民城市为人民"重要理念，巩固提升城市核心竞争力和软实力的关键之举。当前，全球新一轮科技革命正在萌发，人类正逐渐走向智能化、数字化时代。进入新时代，以习近平同志为核心的党中央高度重视创新社会治理，将建设数字中国、智慧社会写入党的十九大报告，对推进数字化公共服务进行了重要战略部署，并以此作为提升城市治理能力、提高公共服务水平、建设为民惠民政府的关键。在此背景下，国家先后出台《关于促进智慧城市健康发展的指导意见》《关于推进"互联网+"行动的指导意见》《促进大数据发展行动纲要》《中国制造 2025》等指导文件。2020 年 11 月，习近平总书记在浦东开发开放 30 周年庆祝大会上指出，"要提高城市治理水平，推动治理手段、治理模式、治理理念创新，加快建设智慧城市，率先构建经济治理、社会治理、城市治理统筹推进和有机衔接的治理体系"①，将智慧城市建设与新时代城市治理有机结合起来，为推进

---

　　① 习近平：《在浦东开发开放 30 周年庆祝大会上的讲话》，人民出版社 2020 年版，第 10—11 页。

数字化公共服务共享发展指明了方向。

上海是我国智慧城市建设起步较早的城市之一，也是当前我国智慧城市发展水平较高的城市。2011 年 9 月，上海在全国率先发布第一个智慧城市建设规划《推进智慧城市建设 2011—2013 年行动计划》，其后又陆续发布《上海市推进智慧城市建设三年行动计划（2014—2016 年）》《上海市推进智慧城市建设"十三五"规划》《关于进一步加快智慧城市建设的若干意见》等政策文件，着力以智慧化引领城市建设与发展。十多年来，上海智慧城市建设成效显著，数字化公共服务水平不断提升，城市治理日益精细化。2020 年 11 月，上海从全球 350 个城市中脱颖而出，荣获"世界智慧城市大奖"，进一步彰显了上海智慧城市发展的显著成效。2021 年 10 月，上海市人民政府发布《上海市全面推进城市数字化转型"十四五"规划》，对上海数字化发展基础与经验进行了总结概括，也为未来推进数字化公共服务明确了方向与目标。

一、上海推进数字化公共服务共享的实践

近年来，上海坚持将数字治理理念贯穿于城市治理的各个环节，着力推进数字化公共服务发展，全力创建面向未来的智慧化大都市。通过加强信息基础设施建设、全面推广智慧生活应用、构建智慧城市治理体系等手段和措施，使城市服务能级、信息惠民能力得到显著提升，城市治理日益朝着精细化、现代化的方向稳步前进，切实提升了智慧城市建设能力与水平，为推进现代城市发展奠定了坚实基础。

（一）加强信息基础设施建设，为数字化公共服务共享提供物质基础

当今世界，信息技术日益成为社会发展的重要基础，以新一代信息技术为驱动的新产业、新业态迅猛发展，为城市建设与发展提供了重要支撑。在新的历史条件下，要切实提升城市现代化发展水平与能力，就必须不断完善信息基础设施，通过完善移动通信网络设施与固定宽带设施、推广物联感知建设应用、推进公共信息资源分级分类开放等，进而为推进数字化公共服务共享提供必要支撑。近年来，上海加快推进信息网络设施、公共信息基础设施等建设，信息基础设施能级不断提升，数字化公共服务能力显著提升。

1. 大力建设信息网络设施

信息网络设施是现代经济社会发展的必要条件，无论是数字经济，还是数字化公共服务，都离不开信息网络这一"软环境"。多年来，上海大力建设信息网络设施工程，信息网络基础设施建设水平保持全国领先，宽带城市、无线城市、移动互联网等工程建设方取得了显著成绩，全市信息网络通信水平与能力得到迅速提升。

一是大力推进宽带城市建设。宽带网络是最重要的信息网络基础设施之一，随着经济社会的快速发展，宽带已经成为信息化发展的基础性资源之一，成为经济、政治、文化等领域发展的重要支撑，对全社会生产效率的提升、人民生活便捷性的提高等都有着不可替代的重要作用。在宽带城市建设实践中，上海光纤宽带网络建设取得了显著成效。首先，在宽带速度方面，根据《2020 上海市智慧城市发展水

平评估报告》，2020 年上半年上海固定宽带平均下载速度达到
50.32Mbit/s，相比前一年提升 29%。其次，在固定宽带千兆覆盖率
方面，截至 2020 年 9 月，上海固定宽带千兆已覆盖全市 960 万户家
庭，用户数达 36.7 万，千兆宽带用户在所有宽带用户中的占比达
4.02%①。无论是宽带速度，还是千兆宽带覆盖率，上海均位居全国
首位，已然成为全国水平最高、最具影响力的宽带城市。

二是大力推进无线城市建设。相较于固定宽带，无线网络便捷性
更强。人们可以通过无线终端随时随地获取上网服务、享受数字生
活。无线城市自诞生之日起，就被视为继水、电、气、交通之后的城
市第五项公共基础设施，成为人们生产生活的必备品。上海从 2012
年开始在全市公共场所推行免费无线网络服务，名为"i-Shanghai"。
公众连接该 Wi-Fi 后，可以通过手机号验证—界面登陆的方式获得免
费上网服务，大大降低了市民网络生活成本，也提升了网络生活的便
捷性。近年来，全市公共场所无线网络服务不断优化升级，大型公
园、知名商圈、医院学校以及交通枢纽等公共场所均有"i-Shanghai"
覆盖，手机客户端用户数及网页用户数均实现快速增长，用户使用总
流量也迅速提升，市民体验感持续优化。

三是大力推进移动通信发展。移动通信集语音业务、短信业务和
数据业务为一体，为人们提供多维度的数字生活支持，成为当前使用
频率最高的信息基础设施之一。与固定宽带、无线网络相比，移动通
信的优势主要体现在覆盖范围、覆盖人群等方面。只需要一张通信
卡，用户便可以随时随地享受数字化生活。根据《2020 上海市智慧

---

① 上海市经济和信息化发展研究中心、上海市智慧城市建设促进中心：《2020 上
海市智慧城市发展水平评估报告》，第 32 页。

城市发展水平评估报告》，截至 2020 年 9 月，上海已累计建设室外 5G 基站超 3 万个、室内小站超 4 万个，5G 投资达到 100 亿元，实现了 5G 网络中心城区和郊区重点区域室外连续覆盖①，上网速度相较于 4G 网络提升了 10 倍左右，网络质量明显提升。

2. 持续发展新型信息基础设施

随着信息技术的快速发展，信息基础设施不断更新，并日益成为推动经济社会快速发展的重要战略支撑。所谓新型基础设施主要是指以新发展理念为引领、以技术创新为驱动、以信息网络为基础，面向高质量发展需要，提供数字转型、智能升级、融合创新等服务的基础设施体系。近年来，上海坚持以构建智慧城市为引领，不断加快传统基础设施改造升级，持续发展以物联专网、大数据、人工智能等为代表的新型基础设施，丰富和完善现代化信息基础设施体系，取得了显著成效。

一是全力打造新型城域物联专网体系。新型城域物联专网是指以物联为基础、以数据创造为纽带、以人工智能为驱动的新型智慧城市架构。相较于传统物联网，新型城域物联专网体系运用更密的连接、更广的数据、更精准的算法、更专业的服务、更智能的平台，将数量百倍于人的物纳入城市管理和社会治理体系，精准反映城市运行态势和群体行为特征，从而推动城市管理和社会治理实现"大脑"级运行，全面提升公共服务智慧供给能力和水平。2020 年 8 月，上海市经济信息化委员会发布《新型城域物联专网建设导则（2020 年版）》，主张利用多种无线通信技术，在城市街镇社区部署泛连接的

————————

① 上海市经济和信息化发展研究中心、上海市智慧城市建设促进中心：《2020 上海市智慧城市发展水平评估报告》，第 30 页。

智能感知终端，推动物联专网与城市管理、社会治理的深度融合，并在体系中增添了新的专业领域、应用场景，使物联专网覆盖行业领域达 30 个、应用场景达 95 个①，不断优化完善对城市发展"新基建"物联感知终端的部署，致力于提升对社会发展现状的分析能力及对未来发展的预测能力，为城市管理精细化、智能化提供了技术支撑。

二是不断推进大数据开发开放。当前，信息技术与经济社会发展日益交融，数据日益成为国家发展的基础战略性资源，大数据凭借容量大、类型多、存取速度快、应用价值高等优势对经济运行、社会发展以及国家治理的作用日益凸显。近年来，上海以国务院《促进大数据发展行动纲要》为指导，坚持创新驱动发展战略、加快大数据部署步伐、深化大数据应用，坚持运用大数据推动经济发展、完善社会治理、提升政府服务和监管能力，不断推进政府大数据开发开放，致力于构建大数据强市。首先，在大数据开发方面，上海不断开发各类创新应用，广泛搜集各行各业发展数据并建立了全国首个以公共数据为中心的孵化器 SODA SPACE，不断挖掘和释放公共数据价值，助力数字经济发展。其次，在大数据开放方面，根据《2020 上海市智慧城市发展水平评估报告》，当前全市通过统一开放平台已开放 49 个数据部门、近 100 个数据开放机构的相关数据，开放内容涉及市民生活的各个领域，如疫情防控、卫生健康、交通出行、文化教育、信用服务、商业服务、普惠金融等，累计向社会开放数据资源超 4100 余

---

① 上海市经济和信息化发展研究中心、上海市智慧城市建设促进中心：《2020上海市智慧城市发展水平评估报告》，第 34 页。

项、39 个数据应用、4 万个数据项、1.1 亿条数据①。

（二）全面推广智慧生活应用，提升现代公共服务水平

公共服务水平的提升既依赖于信息基础设施及硬件技术支撑，也在很大程度上依赖智慧应用等软件支持。要全面推进公共服务的数字化，就必须重点开发和推广智慧教育、智慧医疗、智慧养老、智慧就业、智慧旅游等现代生活应用，努力建成覆盖城乡的智慧民生服务体系，实现城乡基础设施的智能化与公共服务的智慧化。近年来，上海加快推广各类智慧生活应用，人民群众数字生活日益便捷，民生公共服务水平显著提升。

1. 智慧健康应用

卫生健康事业的发展是衡量一个国家经济社会发展水平的关键指标，也是衡量人民幸福指数的重要因素之一。习近平总书记在党的十九大报告中明确提出不断完善国民健康政策，为广大人民群众提供全方位全周期的健康服务。近年来，上海围绕智慧健康重点工程，不断推进卫生健康事业信息化、智能化，通过开发推广各类智慧健康应用，全市医疗信息化水平显著提升，人民群众看病就医日益便捷，卫生健康服务向"移动、互联、个性、精准"的智慧化目标稳步迈进。

"上海健康云"是服务市民的网络健康平台，平台设置有"健康档案""预约挂号""智慧接种""家医服务"等主要栏目，市民通

---

① 上海市经济和信息化发展研究中心、上海市智慧城市建设促进中心：《2020 上海市智慧城市发展水平评估报告》，第 36 页。

过绑定身份证号，填写其他相关信息就可以快速查询到自己的各项健康信息。在"健康档案"中，市民可以查询到本人两年内的全部门诊记录与住院记录，还可以查询到自己的用药清单、检验报告、检查报告、慢性病健康管理报告、慢性病随访报告、眼健康筛查评估报告等各项就医信息；通过"预约挂号"栏目，市民可以搜索全市范围内任何一家医院、任何一个医生，足不出户即可预约挂号，大大提升了就医的便捷性；通过"智慧接种"栏目，市民可以随时查询疫苗接种点情况、了解疫苗接种知识并随时预约疫苗接种，同时也可以方便地展示自己的电子接种证以便查询；通过"家医服务"栏目，市民可以选择自己希望签约的社区医院、区级医院以及市级医院。2020年新冠肺炎疫情暴发以来，"上海健康云"不断拓展延伸医疗卫生服务，及时为市民提供"健康码""行程码""核酸检测服务""新冠疫苗接种"等信息的查询服务，为抗击疫情提供了坚实有力的技术支持。

2. 智慧交通应用

交通出行也是人们日常生活的重要组成部分。在上海这一国际化大都市，私家车数量不断增多，道路交通资源日趋紧张，"堵车""停车难"等问题成为影响人们出行质量的重要因素。近年来，上海不断提升道路交通信息服务能力，全面推进公交信息化、停车智能化，通过多种途径向市民公布交通出行信息，有力提升了人民群众出行的便利性。

在开发的"随申办市民云"APP中，设置有专门的"交通出行"栏目，市民可以通过该栏目查询到各类交通信息。通过"上海停车"项目，市民可以查询到市内各停车场剩余停车位数量，还可以预约停车、搜索停车场充电桩信息、完成停车缴费等。此外，市民也可以查询市内道路停车点的相关停车信息，通过此项目的使用，各类停车资源得以充分调配，市民"停车难"问题得到了有效缓解；在"交通违法"项目中，市民可以及时查询到本人驾驶证、行驶证信息，还可以查询到本人名下的机动车违法行为，并通过该 APP 及时处理违法行为，大大降低了处理各类违法行为的成本；在"车管业务"项目中，市民可以申请办理车检，也可以换领、补领行驶证，换领、补领机动车号牌，补领年检标志，申办新车临时号牌等。除此之外，市民还可以选择就近的车管所预约办理申领、补领驾驶证等业务；在"地铁"项目中，市民可以随时查询地铁换乘信息、了解地铁营运时间，同时还可以开通乘车二维码，通过核验"二维码"即可进站乘车而无需购买实体票，大大提升了乘车的便捷性；在"公交"与"公交到站"项目中，市民可以通过开通乘车二维码实现无实体票乘车，也可以随时查询任何一辆公交车的实时到站信息；在"实时路况"项目中，市民可以查询市内所有路段的实时拥挤情况，也可以查询高架夜间封路养护等信息，大大降低了"堵车"的概率。除了以上服务项目外，市民还可以在"交通出行"栏目中查询"道路积水""驾照考点""公安警点""危险品运输"等各类信息，获取到多领域、多维度、多方面的交通出行信息。

3. 智慧教育应用

"教育兴则国家兴，教育强则国家强"①。教育事业关乎一个国家、民族的未来和希望。进入新时代，以习近平同志为核心的党中央

---

① 《习近平关于社会主义社会建设论述摘编》，中央文献出版社 2017 年版，第 60 页。

高度重视教育事业的发展，坚持将发展教育作为党和国家各项事业发展的重要先手棋，同时积极顺应和把握信息时代发展浪潮，主张利用信息化手段与策略推动教育事业更好更快发展。在此背景下，上海积极开发推广各类智慧教育平台和应用，着力构建信息化教育应用体系，使得上海教育信息化水平显著提升，人民群众享受到多形式、多种类、高品质的智慧教育服务。

"上海学习网"是上海最大的综合类免费学习网站，汇集了各类学习资源，广大市民可以通过该平台获得全方位、个性化的教育云服务。"上海学习网"设置了"课程""活动""悦读""团队""咨询"等多个栏目，市民通过点击即可选择自己感兴趣的栏目进行学习。如在"课程"栏目中，市民可以获取到职业教育、高等教育、终身教育、基础教育等不同层次的教育资源，其中"终身教育"栏目设置了"道德修养""科学素养""生活保健""家庭安全""休闲技艺""家庭理财""法律维权""就业指导""职业发展""信息技术"等17个具体门类，市民可以随时随地获取自己想要学习的知识；"活动"栏目发布了市内"读书""摄影""影视"等方面的各类交流活动，如"网上读书活动""摄影作品展"等，市民可以通过该平台第一时间了解各类文化交流信息，从而得以及时参与到文化交流活动中去；在"悦读"栏目中，平台免费为市民提供了包括文学、方志、管理、经济、历史、管理、艺术、文化、政治、小说、保健养生、计算机与互联网等不同门类的电子书籍，为市民学习各类文化知识提供了丰富资源。

4. 智慧文化应用

改革开放以来，我国经济社会快速发展，特别是进入新时代以来，社会供给能力显著提升，人民群众基本需求日益得到有效满足。在此基础上，人们对美好生活的向往日趋强烈，不仅在物质层面有了更高期待，而且期盼丰富多彩的精神文化生活。党的十八大以来，以习近平同志为核心的党中央坚持以人民为中心，在推动经济社会高质量发展的基础上更加强调发展社会主义文化，以更好满足人民日益增长的精神文化需要。近年来，上海围绕市民对公共文化服务的需求，利用互联网等信息技术手段，加快开发推广各类智慧文化应用，不断促进数字文化资源全民共享。

"文化上海云"是上海于 2016 年推出的一款智能化应用，这也是全国第一个省级区域全覆盖的公共文化数字化服务平台。上海借助该平台将全市各级文化馆、图书馆、博物馆等资源整合起来，并实现了全市所有文化设施与资源的对接与贯通；广大市民通过该平台也可以快速找到各文化场馆发布的信息，预约参与各类文化活动。平台设置了"享活动""看直播""赏非遗""订场馆""学才艺"5 个栏目，为满足市民各种文化诉求提供了接口。通过"享活动"栏目，市民可以获得包括展览、讲座、培训、公益电影、文旅、市民文化节等各类活动公告，并可以在点击进入后进行相应活动的预约；"看直播"栏目包含沪剧、民歌、音乐会等各类视频直播与回放资源，市民只需轻触屏幕或按下按键即可享受云端文化盛宴；"赏非遗"栏目展示了各类非物质文化遗产的图片与视频，市民足不出户即可感受中国传统工艺之魅力；"订场馆"栏目提供了上海市内各级社区文化服务中心的预约入口，市民完成实名认证后即可立即预约文化中心参观或查看使用事项。总的来说，该数字化平台的上线与运行给广大市民文化生活带来了积极改变，有效提升了公共文化服务效能，拓展了公共文化服务范围，进一步完善了上海公共文化体系建设，激发了市民参与文化活动的积极性与能动性。

5. 智慧旅游应用

随着中国特色社会主义进入新时代，人们物质生活水平日益提高，旅游日益成为人民群众对美好生活向往的重要内容之一，成为衡量人们生活水平的重要标志。为了适应人民群众消费升级的迫切要求，必须加快发展旅游业，把旅游业培育成为国民经济的战略性支柱产业和人民群众更加满意的现代服务业。近年来，上海围绕智慧旅游目标，不断推进旅游信息化建设，通过现代信息技术发布各类旅游公共信息，着力构建和完善智慧化现代旅游公共服务体系。

"随申办市民云"APP 设置有专门的"旅游休闲"栏目，市民可以通过该栏目查询到各类旅游公共信息。其中"游上海"子栏目呈现了上海市及各区县的旅游宣传片，市民可以任意选择自己感兴趣的辖区观看宣传视频，通过手机或电脑终端即可共享城市风光美景；"景点热力图"子栏目将旅游景点人流量技术设备与景点人流量监控系统技术对接，并将数据实时传递至该平台，公众只需搜索景区名称即可实时了解该景区可容纳游客量及在园游客量，从而选择合适的景区旅游出行；"旅游电子合同"子栏目是该平台推出的在线旅游电子合同管理服务系统，广大游客可以通过该系统实时查看、签署、评价或投诉在线合同备案，同时也可以通过该系统及时获取旅游安全应急服务，为进一步规范旅游市场秩序、保护旅游企业和旅游者双方权益、提高旅游服务质量提供了技术保障；"旅游投诉"子栏目向公众展现了详细的投诉流程图，并公示了投诉受理范围、所需材料、处理时限以及联系电话与地址等各类信息，大大提升了旅客投诉的便捷性。除了"随申办市民云"APP设置了"旅游休闲"栏目外,上海各旅游景点及机场、火车站、地铁站等公共场所均设置了旅游便民信息查询自助机器,市民可以快速查询市内各景点旅游信息、VR体验景点、购买旅游纪念品等,旅游智慧化水平相较于以往已得到全面提升。

6. 智慧日常生活应用

要全面推进公共服务的智慧化,既要关注卫生健康、交通出行、教育文化、休闲旅游等"大领域",也要关注"水、电、煤""垃圾分类""上网通讯"等日常生活"小领域"。要将互联网、人工智能等运用到智慧城市发展的方方面面,实现从"大智能"向"微服务"的价值转移、从"局部智能"向"整体智能"的跨越升级。近年来,上海紧紧围绕市民生活密切相关的各类服务,持续推进互联网与信息技术在该生活服务领域的智能化应用,不断提高公共服务的智慧化供给能力,切实增强了市民日常生活的幸福感与满足感。

作为城市公共服务平台,"随申办市民云"汇集了大量数据信息,市民可通过该平台获得"一站式"生活服务。该平台"生活服务"栏目设置了包括"衣、食、住、行"等各类生活服务子栏目。譬如:通过"早餐地图"子栏目,市民可以查询到全市范围内各类早餐门店、流动餐车以及早餐驿站,并可通过距离排序的方式第一时间导航至最近的早餐点;通过"城投水务"子栏目,市民可以办理实名制登记、过户、申领电子发票等业务,也可以就用水问题、水质问题、表务问题等进行报修;通过"上海燃气"子栏目,市民可以办理新装、移添改、过户、拆除、上门安检等业务,也可查询并缴纳燃气账单,还可以就各类用气问题进行报修;通过"网上国网"子栏目，市民可以查询近期用电情况，也可以办理更名过户、新装改装、电表校验、报装充电桩等业务；通过"生活账单"子栏目，市民可以线上缴纳水费、燃气费、电费、通信费等各类生活费用。此外，"生活服务"栏目还设有蔬菜价格行情、农产品检测、二手房水电登记、水压水质查询、天气预报、空气质量、信用报告、社区生活、副产品价格查询、家政上门、垃圾分类查询、预付卡查询、家电维修等诸多生活应用，切实满足了市民日常生活的各种需求，全面提升了公共服务智能化的覆盖领域和范围。

（三）构建完善智慧治理体系，推进社会治理精细发展

"一流城市要有一流治理"①，城市治理既是社会治理的重要组成部分，也是城市发展的重要环节。2015 年 12 月，习近平总书记在中央城市工作会议上的讲话中指出："全心全意为人民服务，为人民群众提供精细的城市管理和良好的公共服务，是城市工作的重头，不能见物不见人。"② 进入新时代，社会主要矛盾和社会结构发生变化，城市治理事务日益复杂多元，传统治理观念与手段迫切需要改革创新；与此同时，新兴技术日益发展，给城市治理增添了新的力量，为推动城市治理改革创新提供了重要支撑。在此背景下，构建完善智慧治理体系成为推动城市发展的必然要求，也成为推进社会治理精细发展的必要手段。近年来，上海不断深化信息技术在城市管理中的深度应用，致力于推进城市治理朝着智慧化、精细化的方向发展。中共上

---

① 《为人民创造更加幸福的美好生活》，《人民日报》2021 年 5 月 17 日。
② 《十八大以来重要文献选编》（下），中央文献出版社 2018 年版，第 83 页。

海市委第十一届九次全会通过的《中共上海市委关于深入贯彻落实"人民城市人民建，人民城市为人民"重要理念，谱写新时代人民城市新篇章的意见》中明确提出要用"两张网"即"一网通办""一网统管"建设牵引和推动城市治理现代化，探索一条符合超大城市实际的治理现代化新路子。

1. 全面推进政务服务"一网通办"

党的十八大以来，党中央、国务院持续深化行政管理体制改革，不断推进简政放权、放管结合、优化服务，力图最大限度激发市场活力，构建一个廉洁高效的服务型政府。为提高政府工作效率，增强人民群众在政务活动中的满意度，全国各级政府探索将"互联网"与"政务服务"结合起来，将构建现代化"智慧政府"作为行政管理体制改革的重要目标。2018年4月，上海市委、市政府印发《全面推进"一网通办"加快建设智慧政府工作方案》，提出应用大数据、人工智能、物联网等新技术，全面提升政府管理的科学化、精细化与智能化水平，推进构建整体协同、高效运行、精准服务、科学管理的智慧政府基本框架。

所谓"一网通办"，即将各类政务事项办理的服务功能与政府信息资源有机整合起来，促进政务事项跨区域、跨部门办理，减少群众办理政务所需的材料、证明、时间与跑动次数等，不断简化、优化政府办事流程，构建起全流程一体化的在线政务服务平台。2018年7月1日，"一网通办"平台在上海市政府门户网站以及"随申办"APP同步上线，全市46个市级职能部门、16个区级政府以及220个街镇服务信息全部入驻该平台。用户可以通过该平台快速获得政务服务，查询到政府部门公开的各类政务信息，并实现实时政民互动等。

第一，从"政务服务"来看，"一网通办"分设"个人办事"与"法人办事"两大类，其中"个人办事"主要针对个人用户日常政务办理：如户籍办理、婚姻登记、生育收养、就业创业、纳税缴费、出境入境、证件办理等；"法人办事"主要针对企业等法人用户办理政务事项，如企业的设立变更、年检年审、税收财务、融资信贷、抵押质押、投资审批、司法公证等。根据《2020上海市智慧城市发展水平评估报告》，截至2020年10月，"一网通办"平台已接入2613项政务事项①。截至2021年8月，上海政务服务"一网通办"上线三年，累计实施357项改革举措，接入各类事项3197项，累计办件量达1.5亿件。至2021年7月，"一网通办"移动端"随申办"的月活峰值超过1517万，实际办件的网办比例超过70%。② 随着"一网通办"的不断发展，今后将会有越来越多的政务事项入驻该平台，为广大市民及法人提供更多便利。

第二，从"政务公开"来看，"一网通办"平台公示了各级各类政务信息供广大用户查询，如"决策公开"栏目公示了市政府公报、规章、文件、会议、规划计划等；"执行公开"栏目公示了财政事项、公共资源、重大工程、执法事项等；"管理公开"栏目公示了机构职责、权责清单、市场准入负面清单、市政府领导信息等；"服务公开"栏目公示了收费清单、跑动次数清单、证明事项清单等；"结果公开"栏目公示了政府报告、统计数据、审计事项、建议提案等。

---

① 上海市经济和信息化发展研究中心、上海市智慧城市建设促进中心：《2020上海市智慧城市发展水平评估报告》，第41页。
② 何欣荣：《上海"随申码"使用超37亿次》，《新华每日电讯》2021年7月28日。

第三，从"政民互动"来看，市民可以通过该平台向市委领导、市政府领导、市政府各委办局领导以及各区、各街镇领导的电子信箱反映各类问题。自该栏目设立以来，截至 2021 年 10 月 24 日，市委领导信箱共计收到来信 183483 件、回复达 25534 件，市政府领导信箱共计收到来信 142505 件、回复达 30406 件①。此外，12345 网上受理平台、网上信访与投诉中心等也接入了"政民互动"平台，市民可以随时随地向各级部门投诉各类事项。

上海近年围绕全面推进"一网通办"，持续整合各类政务信息，不断完善电子政务平台运行和管理，加快推进"一网办、一窗办、一次办"，并推进政务从"能办"向"好办"转变，聚焦企业和群众关心的痛点难点，不断优化重构办事流程，大大提升了企业和群众的获得感，形成了独具特色与优势的"上海经验"，为全国各地政府数字化改革提供了有益参考。根据联合国经济与社会事务部发布的《2020 联合国电子政务调查报告》，上海推行的"一网通办"作为经典案例被写入该报告中，在线服务指数位列全球第 9 位②，充分体现了"一网通办"平台的智慧性与便民性。

2. 全面推进城市运行"一网统管"

进入新时代，在"推进国家治理体系和治理能力现代化"的目标引领下，各级政府持续加快建设现代化数字政府，以数字技术推进城市治理机制与模式变革，全面提升城市治理能力与水平，其中

---

① 《全国一体化在线政务服务平台　上海一网通办》，2021 年 10 月 24 日，见 https://www.shanghai.gov.cn/nw38605/index.html。

② 《2020 联合国电子政务调查报告解读》，2020 年 7 月 13 日，见 http://www.e-gov.org.cn/article-173572.html。

"一网统管"便是有益探索。2020年2月，上海出台《关于进一步加快智慧城市建设的若干意见》，其中明确提出要"加快推进城市运行'一网统管'"，同年4月，上海出台《上海市城市运行"一网统管"建设三年行动计划》，将"一网统管"作为提升城市治理水平的"牛鼻子"来抓，力图实现"高效处理一件事"的治理目标。中共上海市委第十一届九次全会进一步提出要将"一网统管"理念融入城市规划、建设与管理的各个环节，全面提升城市治理能力。

所谓"一网统管"，即利用大数据、人工智能、云计算等技术，基于在线实时数据和算法，帮助城市管理者发现问题、研判形势，进而实现高效处置政务的功能。自"一网统管"三年行动计划实施以来，上海构建了城市运行管理和应急联动处置系统，并初步形成了"三级平台、五级应用"的运作体系。"三级平台"即市级平台、区级平台和街镇级平台，其中市级平台主要负责标准建设，统管城市运行管理全局；区级平台主要负责上下协调，发挥在城市治理中的中坚支撑作用；街镇级平台则主要负责治理实战，处理城市治理中遇到的各种现实问题。"五级应用"即市级应用、区级应用、街镇应用、网格应用、小区楼宇应用，自上到下共同参与城市治理，赋予部门与基层全方位的治理职能。在"三级平台、五级应用"运作体系逐步完善的基础上，"一网统管"实现了从试点先行向全面部署的转变。迄今，上海"一网统管"系统已整合接入了包括公共安全、绿化市容、城市建设、交通、应急、卫生健康、生态环境、气象、水电气网等50多个部门的近200个应用，覆盖经济治理、社会治理和城市治理等各个领域，基本实现了"一屏观天下、一网管全城"的目标。

"社区云"是"一网统管"系统在街镇、村居的重要平台，也是广大基层城市治理工作者开展治理实践的重要工具，更是人民群众参与民主协商与自治的开放端口。目前，该平台初步形成了"1+2+X"的治理架构，所谓"1"即全市统一的"社区治理主题数据库"；"2"即面向城市治理者的"社区治理"平台及面向社会公众的"居社互动"平台；"X"即该平台面向全体社会成员开放，任何人在任何时间、地点都可以通过该平台反馈社会问题、参与城市治理。上海社区云平台数据显示，截至 2020 年 10 月，平台已累计归集超 2500 万人、超 1000 万套房屋数据，16 个区、215 个街镇、6077 个村居实现了全面应用社区云开展社区治理工作①。通过"社区云"，用户可以第一时间获取社区发布的各类公告，了解城市治理的最新政策；用户也可以通过"议事厅"参与各类治理议题或项目，向治理者提出建议或倡议；用户还可以通过"左邻右舍"与社区其他居民就各类社会事务进行沟通与交流。除此之外，该平台还设置了"人民信箱""党建园地""警民直通车""家庭医生""志愿服务"等多个栏目，搭建起了城市治理者与社会公众沟通交流的数字平台。

（三）助力老年人与残障人士跨越数字鸿沟

依照联合国对老龄化社会及其程度的界定标准，我国已于 1999 年进入老龄社会。2018 年上海率先迈入深度老龄化社会。《第七次全国人口普查公报（第五号）》显示，全国人口（指大陆 31 个省、自治区、直辖市和现役军人的人口，不包括居住在 31 个省、自治区、直

---

① 上海市经济和信息化发展研究中心、上海市智慧城市建设促进中心：《2020 上海市智慧城市发展水平评估报告》，第 46 页。

辖市的港澳台居民和外籍人员）60 岁及以上人口为 264018766 人，占 18.70%，其中 65 岁及以上人口为 190635280 人，占 13.50%。上海 60 岁及以上的人口占上海人口的 23.38%。[①] 截至 2020 年底，上海全市残疾人人口基础数据库显示，持证残疾人为 59.5 万人，[②] 占上海户籍总人数约 4%。据第 48 次《中国互联网络发展状况统计报告》，截至 2021 年 6 月，我国网民规模为 10.11 亿，互联网普及率达 71.6%，60 岁及以上网民占比为 12.2%，也就是说，进入 2021 年，银发网民已经达到 1.2 亿。由于经济、教育、生理等方面的因素，这些群体是"数字生活"中的弱势群体。在数字化世界，老年人、残障人士与青年人、健康人士在数字化的接入和掌控程度等方面发展不平衡，由此产生了数字鸿沟。为助力老年群体和残障人士跨越数字鸿沟，近年来，上海结合本地实际，采取了多项举措：

一是制定政府和企业互联网应用的适老化和无障碍改造规范。针对公共服务网站和移动 APP 界面复杂、操作步骤烦琐等问题，2021 年 4 月，上海市经信委、民政局、残联、大数据中心联合印发《开展互联网应用适老化和无障碍改造通知》，率先提出地方性改造规范引导。至 2021 年 7 月，50% 的委办、60% 的区已启动改造；交行、盒马、喜马拉雅、达达等 12 家企业已完成 1.0 适老版本。2021 年 7 月召开的专门针对老年人的"跨越数字鸿沟：互联网应用适老化和无障碍改造工作"专题推进会提出，至 2021 年底，将实现 66 个政府网

[①] 《第七次全国人口普查公报（第五号）》，2021 年 5 月 11 日，见 http://www.gov.cn/shuju/2021-05/11/content_5605787.htm。

[②] 《2020 年上海市残疾人事业发展统计公报》，2021 年 9 月 2 日，见 https://www.shdpf.org.cn/clwz/clwzz/ztwz/tjgb/index.html。

站、47 个 APP 和 23 家重点企业 APP 适老化和无障碍改造"两个 100%"。

二是积极推进"为老服务一键通"年度重点场景建设。2021 年，上海市重点建设"预约就医一键成""叫车出行一键达""紧急救援一键通""政策咨询一键知"等高频急难场景。老年人只需通过传统电话机、电视机、自助服务机、便携式终端等最常见设备，就可享受数字化便捷服务。比如"预约就医一键成"，依托呼叫中心平台、互联网挂号平台、社区家庭医生等，实现一键预约挂号、慢病续方配药、陪诊出行等功能。

三是开展全市为老助残数字化培训。上海市教委与上海广电集团等单位联合推出"金色课堂"，旨在专门为老年群体提供数字化技术特别是智能手机的应用培训。2021 年 7 月，上海市已招募 1200 多名"信息助力员"组成服务队伍，深入社区网点为老年人提供手把手的培训和帮办服务；招募 600 多名 60 岁以上能懂网、会上网的"数字体验官"，当好数字化应用"啄木鸟"。上海老年大学、浦东图书馆等 7 家单位作为首批被认定"数字为老培训基地"，努力帮助更多老年人成为数字时代"新用户"。[①] 2021 年，上海市残联推出信息无障碍培训项目，围绕政务、金融、交通、消费四大内容，开展残疾人信息无障碍技能培训，帮助残疾人了解各类政务服务、生活服务类智能终端及 PC 端智慧化应用的服务内容，熟练掌握操作技能，助力解决残疾人因行动不便办事"走动难"问题，让残疾人真正感受到"足不出户能办事"的服务体验，缩小"数字鸿沟"，共享全市社会发展

---

① 刘锟：《帮助老年群体跨越数字鸿沟，上海正在加速行动》，《上观新闻》2020 年7 月 21 日。

的成果，享受信息化发展的数字红利，平等地参与到社会活动中。①

二、上海推进数字化公共服务共享实践取得的主要成效

自 2011 年上海推进智慧城市建设以来，基于信息基础设施建设、智慧生活应用推广等实践，上海城市治理能力与水平不断提高，并日益朝着科学化、规范化与精细化的目标迈进。城市治理水平的提高使广大人民群众从现代城市治理中获得范围更广、内容更多、效率更高的公共服务，幸福感得到了大幅度提升，进而增进了广大市民对人民城市的认同感。

（一）城市治理水平显著提升

随着数字化时代的到来，"赤手空拳"开展城市治理已无法满足社会发展的需求，现代信息技术在城市治理中发挥的作用日益凸显。良好的城市治理不仅需要"铁脚板"，还需要"大数据"②，只有充分运用大数据、云计算、人工智能等现代技术手段，全面推进构建现代化智慧城市，才能提升城市治理效能，真正满足人民群众对城市美

---

① 《共享数字红利！残疾人智能手机培训"干货"满满》，2021 年 11 月 5 日，见 https://www.shdpf.org.cn/clwz/clwz/zcfw/2021/11/05/4028fc767ceeba69017d11e7cf304b98.html。

② 夏锦文：《良好的城市治理展现现代化水平》，《经济日报》2020 年 4 月 27 日。

好生活的内在需求。上海智慧城市建设实践是对城市治理手段与路径的创新与发展。上海通过广泛应用信息技术，有效解决了以往城市治理中的诸多弊病，提高了城市治理水平，为推动城市转型发展奠定了基础。

1. 资源配置效率得到提高，城市运行质量显著提升

城市治理首先要解决的是城市中各种资源如何配置的问题，资源配置效率的高低直接关系到城市治理水平，高效的资源配置势必能提升城市运行质量，而低效的资源配置必然导致城市运行质量低下。进入 21 世纪，以互联网为代表的信息技术快速发展，并日益渗透到经济社会发展的各个环节，成为现代城市治理的重要手段，为智慧城市建设与发展奠定了基础。在资源配置方面，利用现代互联网技术建设智慧城市实质上就是运用大数据、云计算、人工智能等现代技术配置城市中的各种资源，能够有力提高资源配置效率，提升城市运行质量。随着城市的发展，特别是城市人口的流动性日益增强，动态化配置资源成为必然要求，而这无疑给城市治理带来了严峻挑战。通过应用现代信息技术，能够更快掌握人口流动信息，从而使政府在城市治理中及时掌握公共资源供需现状，准确研判公共资源配置的发展态势，进而全面提升城市资源配置的科学性与合理性。

首先，有效缓解资源错配，提升资源配置的精准性。在传统城市治理中，由于制度、技术等各种条件的限制，资源错配现象屡见不鲜，如为少部分群体配置了大量资源，而为多数群体仅配置了少量资源，由此导致资源配置不公，在一定程度上影响了社会的和谐稳定，进而给城市治理带来了若干不稳定因素。随着智慧城市的建设，互联网、人工智能、大数据等现代信息技术被充分应用到城市资源配置的

各个环节，从而迅速捕获社会公众的资源需求，在技术层面上缓解信息不对称导致的资源错配。例如，基于城市公共交通配置数据与市民出行数据的智慧交通应用，能及时了解每一条公交线路在不同时间段的客流情况，从而做出增加或减少公交班次的决策；又如，基于市民健康信息的智慧医疗应用，能及时掌握市民的健康状况与就医诉求，从而向其推送合适的就医机构，减少以往"大医院扎堆、社区医院无人问津"的现象。在智慧城市的发展中，现代信息技术与公共服务供给有机结合起来，从而减少了供需错配导致的城市资源浪费或缺失，提升了资源供给的精准性。

其次，有效避免资源不足，全面增强资源供给。城市资源配置既关涉资源配置精准性问题，更离不开资源供给数量。我们既要关注资源分配的公平性，也要重视资源供给的效率，只有实现二者的共同提升，才能真正满足广大市民对各类资源的需求，提升人民群众的满意度与幸福感。智慧城市建设涉及城市发展的方方面面，在互联网、大数据等现代技术的有力推动下，经济社会各行各业迅速发展，城市公共服务全面升级，为增强资源配置供给奠定了坚实基础。例如，智慧医疗服务有效缓解了城市中偏远郊区医疗卫生资源紧缺的现象，通过人工智能的远程操作，在部分难度低的手术中甚至可以替代现场作业，从而突破专业医疗资源稀缺对医疗服务供给的制约；再如，信息基础设施的日益完善，使互联网宽带、5G 通信技术等迅速普及，增加了数字化公共服务的有效供给，为市民融入信息社会提供了可能。总体而言，智慧城市的建设实现了对传统资源的改造与提升，为各类资源扩量扩域奠定了基础，从而有效增加了公共服务供给总量，让全体市民都能感受到智慧生活带来的便利。

2. 治理方式与手段得以改进，城市治理效能迅速提升

城市治理方式是城市治理活动中具体采取的手段与策略，是开展治理活动所依赖的具体措施。城市治理方式能否适应治理事务的变化，在很大程度上影响着城市治理效能的高低。随着城市的不断发展，各类公共事务日益增多，同时也变得日益复杂，这无疑大大增加了城市治理的难度，对城市治理方式提出新的要求。面对新的城市治理境况，以往简单粗放的城市管理方式已无法有效解决治理中遇到的新情况、新问题。当前，我国一些地区在城市治理中遇到各种问题，在很大程度上和落后的管理手段有关，对此，必须根据城市公共事务的新特点、新要求适时地改进治理手段，从而有效提升城市治理效能。上海智慧城市建设正是对城市治理方式的全新探索，利用现代信息技术手段不断改进城市治理方式，将大数据、人工智能等与城市治理过程有机融合，使城市治理日益朝着高效化、精细化的方向发展。在智慧化城市治理活动中，管理者能够迅速获取各类信息，从而大大提升治理效率；同时，广大社会公众也得以通过智慧平台为管理者建言献策，从而有力提升治理的科学性。

第一，为城市管理者提供了新的治理工具，提升城市治理的效率。在智慧城市的建设中，现代信息技术手段被充分利用，城市管理者可以借助各类数字平台开展治理活动，从而有力提升治理效率。以新冠肺炎疫情防控工作中的流行病学调查为例，以往管理者要充分掌握患者的流动轨迹，必须通过口头询问、实地走访等方式才能获得，在这其中无疑要投入大量的人力、物力与财力，而且获取数据的真实性在很大程度上取决于患者本人的诚信程度。而借助大数据等技术手段，管理者可以迅速获取患者的出行数据，并可以通过大数据关联技

术，将密接人群快速锁定，既减少了成本投入，又提升了流调速度与可靠性。再如，在企业申办证照事务中，以往企业须现场向政府部门提交大量纸质材料以供审核，企业方有时因为材料不全免不了来回奔波；与此同时，政府部门也须开辟大量场地保存这些纸质申请材料以供日后查阅，既不环保，又不高效。而企业通过"一网通办"智慧化平台，即可将申办材料"一键上传"，既节省时间，又无须企业方线下奔波；同时，智慧化平台还是一个巨大的数据保存库，企业申办证照中上传的各类资料都可以实现无限期保存，为日后查阅提供了极大便利。

第二，为社会公众提供了参与治理的平台，提升城市治理的科学性。面对日益复杂的公共事务，依靠单一政府力量已然无法有效应对。治理主体亟须从单一转为多元。智慧化城市治理平台为社会公众参与城市治理提供了重要工具，广大社会成员只需通过手机或电脑客户端即可实现治理参与，大大降低了参与治理的时间、财力和成本，从而提升了人们参与城市治理的积极性。例如，在城市交通治理中，以往需要交警亲临现场方能发现各类违法行为，在惩处交通违法事件中须投入大量人力成本，也给一些交通违法行为者逃避处罚提供了可能性，城市交通失序现象屡见不鲜。如今，广大市民均可通过智慧化城市治理平台共同参与交通治理活动，市民一旦发现交通违法现象，可以立即拍照并通过"上海交警"客户端上传照片，管理部门在后台即可对照片进行审核，判定市民举报行为是否违法，并做出进一步处理。再如，在小区治理中，以往居委会要施行一项新的举措，必须挨家挨户上门征询意见，耗费了大量人力与时间，很多时候也免不了吃"闭门羹"，大大增加了治理成本。如今，居委会工作人员只需将相关信息发布在"社区通"平台上，居民通过手机即可提出意见和建议。总之，智慧化平台的建立，为广大社会力量参与城市治理提供了便利，有力提升了城市治理效率。

（二）社会生产生活品质快速提升

人民群众既是城市的居住者，也是公共产品与公共服务的直接享用者。数字化公共服务的成效归根结底要靠广大人民群众来评价，要看智慧城市建设是否真正给人民群众生产生活带来了便利、是否切实提高了城市品质。上海自开展智慧城市建设工程以来，信息基础设施日益完善，智慧生活应用不断拓展推广，城市公共服务能级显著提升，城市生活品质显著提高，广大市民得以通过各类智慧化平台感受数字生活带来的便利，生活幸福感与满足感得到了明显增强。

1. 突破传统生产常规，促成社会生产的智能解放

生产活动是人民群众最直接的实践活动，是推动社会发展的重要力量。人们的生产活动是否便利在很大程度上反映了社会的进步程度，并影响着人们的社会生活。改革开放以来，我国经济社会快速发展，生产技术水平日益提升。进入新时代，随着智慧城市的建设，在智慧化应用的有力推进下，社会生产活动得以搭乘数字化这一快车，传统生产常规被打破，有力促成了社会生产的智能解放。

首先，以智慧化机器替代传统人工以促进劳动解放。随着科学技术的不断发展，各类智能机器逐渐被运用到社会生产中来，取代了传统人工生产，使人力资源得到极大解放。在智慧城市建设中，智能机

器得到进一步推广，并渗透到社会生产的方方面面，智慧生产从遥不可及转变为近在咫尺。例如，在智慧城市建设中，高速公路 ETC 服务被广泛推广，广大车主只需在车上安装 ETC 智能设备即可实现不停车收费，以往高速公路收费站配备诸多收费员的现象不再存在，传统人力资源得到有效解放，生产的便利性大幅提升。再如，在医疗卫生服务领域，以新冠肺炎疫情防控工作为例，为降低疫情传播风险，所有进入医疗机构的人员均须接受体温检测，以往须配备专职医护人员持体温检测仪挨个对入院人员开展体温检测。而现在，只需安装智能红外体温检测仪，即可快速完成对入院人员的体温检测，既降低了一线工作人员的工作强度，又降低了其近距离接触感染的风险。可以说，智慧机器的有效运用是对劳动力的极大解放，大部分人力资源被转移到新的岗位上从事更具挑战性、更富价值的工作，人类朝着自由而全面发展的高级阶段又迈进了一大步。

其次，为社会生产提供智慧化工具以提高生产效率。在智慧城市建设中，智慧机器或工具在一些领域取代了人工，在更多领域则发挥了协助人工的作用，利用各种智慧化工具，人们能够更快更好地处理各类工作，大大提升了社会生产效率。例如，在智慧医疗服务中，医护人员通过智慧平台即可远程开展查房、会诊等工作，借助各类智能化工具能够更精准地开展诊疗活动；在智慧教育服务中，教师和学生通过智能平台即可完成教学活动，实现无接触式交流与沟通。又如，在政府部门提供的智慧化办证服务中，广大企业只需在自助平台或自助机器上即可完成办证资料上传。同时，政府部门还提供了证件快递服务，企业无须到现场即可完成证件领取事宜，大大降低了企业的生产成本，生产效率也因此得到了显著提升。随着智慧城市的不断发展,更多的人工智能将被应用到社会生产中来,进而彻底打破传统生产常规,全面提升整个社会的生产效率。

2. 创造现代智慧生活,提升人民群众生活品质

社会生活是人民群众生存与发展的活动形式,是与人民群众最密切相关的活动。马克思主义认为,"人们为了能够'创造历史',必须能够生活。"① 可以说,社会生活水平的高低,在很大程度上影响着人们参与社会生产实践、创造历史的积极性。因此,要推动社会发展,首先要满足人民群众在社会生活上的各种需求,不断提高人民群众生活品质。进入新时代,随着智慧城市的建设与发展,人工智能等现代信息技术被广泛运用于社会生活的各个领域,人民群众的社会生活日益朝着智慧化的方向发展,生活品质显著提升。

首先,全面推广智慧生活应用,提升公共服务水平。"为民、便民、惠民"是智慧城市建设的重要理念,也是发展智慧城市的重要目标,建设智慧城市归根结底是要为广大社会成员提供更优质的公共服务。上海在智慧城市的建设与发展中,重视民生公共服务领域的智慧化应用,推出了包括智慧医疗、智慧交通、智慧教育、智慧文化、智慧旅游等一系列智慧生活应用,为人民群众就医、出行、上学、就业、养老等提供了更多便利,为人民群众构建起了宜居的智慧生活环境,改善了人们的生活方式。例如,通过智慧医疗应用,人们足不出户即可完成就医挂号,大大减少了排队等候所需花费的人力与时间成本;通过智慧交通应用,市民在乘车时只要点开二维码即可进站乘车,而无须排队买票;通过智慧旅游应用,市民在线即可了解掌握景

---

① 《马克思恩格斯文集》第 1 卷,人民出版社 2009 年版,第 531 页。

区人流量与舒适度，从而更加合理地安排出行计划；通过智慧文化应用，随时随地都可享受丰富的公共文化资源；通过智慧缴费应用，广大市民在手机客户端即可快速完成水、电、煤、通信等公共服务缴费。除此之外，全门类的智慧生活应用已经覆盖到公共服务的各个领域，人们通过手机随时随地都可享受现代化智慧生活服务，社会生活的便利程度显著提升。

其次，推进构建智慧生活社区，提高城市生活品质。社区是人民群众生活的基本单元，也是建设智慧城市的最小单位。上海在推进智慧城市建设过程中，既重视城市发展的"大智慧"，也未忽视社区生活的"小智慧"，在二者的有机结合中，构建起了市民社会生活的"大智慧圈"。自上海建设智慧城市以来，智慧社区与智慧村庄建设同步推进，从基础设施到政务服务、从社区治理到社区生活，智慧化程度都随着智慧城市的发展而不断深入。例如，在社区安防建设中，智慧应用将人脸识别、车辆识别等纳入社区出入"微卡口"感知端，全面提升了社区安全防护水平。据统计，截至 2020 年 10 月，全市封闭式住宅小区智能安防建成率超 97%，开放式小区智能安防建成率达 90%。又如，在新冠肺炎疫情防控中，智慧社区优势进一步突显，通过智慧社区平台开展口罩预约、外来人员摸排与登记、送菜上门等各类生活服务，增强了社区防控的精准性与有效性，牢牢守住了社区这道关键防线。此外，智慧商圈、智慧园区、智慧新城等也稳步推进，建构起了从社区到街镇，再到城区、城市的多层次、全范围智慧生活圈，全面提升了城市生活品质。

（三）有力地推进了数字化公共服务共享的制度体制机制创新

改革开放 40 多年来，我国经济社会发展取得一系列伟大成就，关键在于体制机制创新。党的十八大以来，以习近平同志为核心的党中央高度重视体制机制改革与创新工作，为社会发展营造了良好的体制机制环境。数字化公共服务是新时代城市发展与治理的重要内容，其推进过程既需要发展理念创新、技术革新，更需要不断深化改革，做好科学合理的顶层设计，建立健全各类体制机制，以顺应技术发展与城市数字化转型的要求。

上海在智慧城市建设推进过程中，不断完善制度供给体系，建立健全数字化公共服务共享体制机制，凝聚了推动数字化转型发展的强大制度合力。2020 年 6 月，中共上海市第十一届委员会第九次全体会议审议通过《中共上海市委关于深入贯彻落实"人民城市人民建，人民城市为人民"重要理念，谱写新时代人民城市新篇章的意见》，明确强调在城市治理中要"健全城市规划、建设、管理的法规规章和标准规范体系，全面推进依法依规治理……完善科学决策、民主决策、依法决策的机制和程序……围绕人民城市建设的总体部署，有关方面要聚焦重点领域、针对群众关切，研究制定专项性的实施意见和工作方案，形成'1+N'制度政策体系"。

第一，建立健全组织保障机制。数字化公共服务共享离不开组织实施机制的保障作用，必须推进构建强有力的常态化组织协调保障机制。近年来，上海不断健全智慧城市发展中的组织协调机制，各区均成立了由区委书记或区长担任组长的智慧城市建设领导小组，并建立了智慧城市联席工作会议制度，不断完善工作专班，通过深入开展大调研、定期召开智慧城市相关工作会议，科学制订行动方案。例如，针对"一网通办""一网统管"等推进工作，黄浦、徐汇、普陀、杨浦、宝山等区均设置了专项工作领导小组，在协调推进相关工作、督促落实重大工程、研究解决重大问题方面发挥了关键性指导作用。此外，在推进智慧城市数字转型发展过程中，上海还不断推进构建专家咨询机制，成立社会化专业研究机构与应用促进中心，为智慧城市发展提供强有力的智力与人力资源支持，构建起包括决策、咨询、协调、管理、执行等在内的全方位组织保障体制结构。

第二，推进完善规划引领机制。数字化转型是未来城市发展的方向，是公共服务共享的必然趋势。作为一项关乎未来社会发展的重要事业，智慧城市建设必须抓好规划设计，否则将会导致方向不明、资源分散，从而难以实现预期目标。上海在推进智慧城市建设过程中，始终坚持以规划引领发展，不断构建、完善新型智慧城市规划引领机制体系。2020 年底，上海市委、市政府公布《关于全面推进上海城市数字化转型的意见》，对未来城市智慧发展的总体要求、基本框架与工作机制等，进行了逐一谋划与设计。在市级规划的引领下，各区也编制了区域智慧城市建设规划，结合区域特点与方向，围绕基础设施、数字经济等领域的重点工作制定发布各有特色的专项规划。随着市、区两级规划机制的构建与完善，上海数字化发展有了更加明确的方向指引。

第三，有力推进了城市数字化公共服务的法治化。要实现数字化公共服务共享，需要相应的法律制度的支撑与保障。多年来，上海在推进数字化公共服务过程中，重视法治化建设。拿"一网通办"来说，2018 年 10 月，上海"一网通办"总门户上线，标志着上海政务插上了"互联网+"的翅膀，行政审批制度改革迈入新时代。与此同时，上海出台实施首部对标公共数据管理与"一网通办"改革的地方性规章——《上海市公共数据和一网通办管理办法》，"一网通办"驶入法治化轨道。"一网通办"的法治化标准和制度加速形成，各类政务服务真正做到了有法可依、有法必依。2019 年 7 月，《国务院关于在线政务服务的若干规定》颁布实施，为全国在线政务服务一体化、规范化、标准化、集约化建设举旗定向。"一网通办"逐步成为全国各地政务服务的新范式和新标配，引领着政府智能转变和"放管服"改革向纵深迈进。

三、上海推进数字化公共服务共享实践的基本经验

进入新时代，上海致力于推进数字化公共服务，着力构建社会主义现代化智慧大都市，提升公共服务效能，取得了一系列成效，提升了城市生活品质，人民群众的获得感、幸福感与安全感得到极大程度的提高。上海数字化公共服务之所以取得以上成效，归根结底在于始终坚持党对数字治理的全面领导，以党的全面领导引领城市建设与发展；坚持以人民为中心的价值理念，把人本价值作为推动城市发展的核心取向；坚持城市发展共建与成果共享相结合，在共建中推进共享，以共享引领共建；坚持数字开放与安全相结合，在保障人民群众安全生产生活的基础上稳步推进公共服务数字化转型。

（一）坚持党对数字治理的全面领导

党的领导是中国特色社会主义制度的最大优势，也是改革开放以来取得一系列伟大成就的根本保证。党的十八大以来，中国特色社会主义进入新时代，城市治理面临着更加复杂、更加多元的问题，尤其是在信息化的浪潮中，各种新矛盾、新情况日益凸显，对城市治理提出了更高要求。2019 年 5 月，中共中央办公厅印发的《关于加强和改进城市基层党的建设工作的意见》中明确提出，要"切实加强党对城市工作的领导，推动城市经济社会发展"①，以党的全面领导引领城市建设与发展。

进入新时代，上海不断探索超大城市治理之路，在城市治理中不断强化党的领导，将党的全面领导贯穿于城市治理的各个领域、各个方面与各个环节。2020 年 6 月，中共上海市第十一届委员会第九次全体会议审议通过《中共上海市委关于深入贯彻落实"人民城市人民建，人民城市为人民"重要理念，谱写新时代人民城市新篇章的意见》，明确强调"建设人民城市，关键在党。要坚持和加强党对人民城市建设的全面领导，健全党委统一领导、党政齐抓共管、全社会共同参与的城市工作格局"。2021 年 6 月，在《中共上海市委关于厚植城市精神　彰显城市品格　全面提升上海城市软实力的意见》中再次强调，"必须加强党对城市软实力建设各领域各方面各环节的领

---

① 《关于加强和改进城市基层党的建设工作的意见》，人民出版社 2019 年版，第 1 页。

导，建立健全党委领导、各方面齐抓共管、全社会共同参与的工作格局。"① 就"一网通办"来说，"一网通办"之所以能践行一网受理，只跑一次，一次办成，群众办事效率大幅提升，群众好评如潮，首先归功于中国共产党的坚强领导。上海市委始终注重思想引领，把"一网通办"作为深化政府自身改革的突破口、优化营商环境的重要抓手和落实以人民为中心的发展思想的具体实践。上海市委主要领导亲自挂帅，坚持"营商环境没有最好，只有更好，要把'一网通办'作为重要抓手，让群众和企业有更多的获得感"。"上下同欲者胜，同舟共济者赢。"全国其他不少地方借鉴上海经验，陆续成立"一网通办"领导小组，强化了组织保障和统筹协调能力，真正使"一网通办"成为政务服务响当当的金字招牌。②

上海积极构建城市基层组织体系，形成了"区、街镇、社区"三级联动体系，同时，不断推进、完善党建工作，将互联网大数据、人工智能等现代科技应用到党的建设的各个方面，在党建中植入智慧基因，为推进数字化治理提供了政治保障。以新冠肺炎疫情防控为例，疫情发生后，上海 6000 多个村居委快速建立起以党组织为核心、以村居委会为主导、社区党员共同参与的社区疫情防控组织体系；各级机关、事业单位迅速派出党员队伍奔赴一线完成各项任务工作，为疫情防控提供了坚强有力的组织保障。在数字防疫工作中，各级党组织与党员干部主动深入一线，通过微信公众号、微博发布各类防疫知识，在微信群中发布最新疫情动态，开展上门排查并为居民建立电子

① 《中共上海市委关于厚植城市精神彰显城市品格　全面提升上海城市软实力的意见》，《解放日报》2021 年 6 月 28 日。
② 翟云：《破解"一网通办"的发展密钥》，《学习时报》2019 年 7 月 31 日。

健康档案等，筑牢了防疫战斗的坚实堡垒。

（二）坚持以人民为中心的价值理念

坚持以人民为中心，是新时代坚持和发展中国特色社会主义的根本立场。2012 年 11 月 15 日，习近平总书记在十八届中央政治局常委同中外记者见面时就明确提出，"人民对美好生活的向往，就是我们的奋斗目标"①，将人民群众的需求作为一切工作的重要行动指引。城市是人民群众生产生活的重要场所，是人民群众实现美好生活的重要空间领域，城市建设水平直接关系到老百姓的安康。2019 年 11 月，习近平总书记在上海考察时指出，"城市是人民的城市，人民城市为人民。无论是城市规划还是城市建设，无论是新城区建设还是老城区改造，都要坚持以人民为中心，聚焦人民群众的需求"②，深刻阐释了新时代城市建设的宗旨、目标。

进入新时代，上海市委、市政府坚持贯彻"人民城市人民建，人民城市为人民"的重要理念，坚持以人民为中心推进城市各项建设事业的发展，明确提出要"把人本价值作为推动城市发展的核心取向，作为改进城市服务和管理的重要标尺，作为检验城市各项工作成效的根本标准"，将"人民城市人民建，人民城市为人民"的重要论断与上海城市发展实际有机结合起来，为新时代上海城市建设指明了方向，为推进数字化公共服务明确了奋斗目标。

---

① 《习近平谈治国理政》，外文出版社 2014 年版，第 4 页。
② 《深入学习贯彻党的十九届四中全会精神　提高社会主义现代化国际大都市治理能力和水平》，《人民日报》2019 年 11 月 4 日。

2020年新冠肺炎疫情发生以来，上海坚持将"以人民为中心"的价值理念贯彻到抗击疫情的方方面面，在公共服务供给上切实满足人民群众的愿望与诉求。在疫情防控工作中，"健康码"和"行程码"成为人们出行的必备工具。无论是进入医院还是商场等各类公共场所，市民均须出示绿色"二码"。然而，现实生活中，很多老年用户没有智能手机，或者不会操作，从而导致出行困难。针对此情况，2021年8月，上海市大数据中心为60周岁及以上老人提供"随申码"离线服务，符合年龄条件的老年人可在线下自助终端机申领纸质版"离线码"，以此代替电子"健康码"与"行程码"，这一做法深刻体现了"以人民为中心"的理念。总的来说，上海在推进数字化公共服务进程中，始终将人民群众的利益和诉求放在首要位置，从人民的根本利益出发开展智慧城市建设，由此取得了一系列重大成果。

（三）坚持共建共享的发展理念

"人民城市人民建，人民城市为人民"是上海智慧城市建设遵循的重要理念，这一理念具体包含着两方面的内容：一是"人民城市人民建"，即人民群众是新时代城市建设的主体力量，是数字化公共服务的主要推动力量；二是"人民城市为人民"，即新时代城市建设归根结底是为了满足广大人民群众的利益诉求，人民群众理应成为数字化公共服务的真正享有者。也就是说，人民群众既是人民城市的建设主体，也是人民城市的享有主体，二者相互依赖、相互促进，只有坚持人民群众的建设主体地位，数字化公共服务才有动力源泉，才能创造出充足的发展成果供人民享有；同时，也只有坚持人民群众享有主体地位，才能满足人民群众对美好生活的向往，为人民参与城市建设提供动力支撑。上海在推进人民城市建设中，始终坚持共建共享的发展理念，以共享引领共建，以共建促进共享，将共建与共享有机结合统一起来，构建起了良好的互动关系。

第一，坚持将人民群众作为城市建设的主体，为数字化公共服务提供实践动力。人民群众是历史的主体、历史的创造者，历史的前进与发展，离不开人民群众的支持与参与。在城市建设与发展中，唯有充分发挥人民群众的主体作用，才能形成强大合力。尤其是进入数字化信息时代之后，城市建设的复杂性与风险性与日俱增，单单依靠政府力量已无法完全满足人民群众对公共服务的需求。因此，能否充分挖掘广大人民群众创造历史的主体作用，成为数字化时代城市建设的重要依靠。上海推进公共服务的实践中，不以政府力量为唯一主导，而是积极挖掘社会、群众等各方力量。例如，政府部门与一些高新技术企业广泛合作，共同开发公共服务供给新模式；在实事项目实施上坚持"政府提、群众议、人大定、政府办"的机制，等等。由此，构建起了共建共治的城市治理格局，汇聚起公共服务供给的强大力量源泉。

第二，坚持将人民群众作为城市享有的主体，为数字化公共服务提供实践方向。城市是人民的城市，城市发展归根结底是为了满足人民群众的现实需求。在城市发展中，只有不断满足人民群众日益增长的美好生活需求，才能充分调动起广大人民群众参与城市建设的积极性、主动性与创造性。可以说，在推进数字化公共服务的历史实践中，能否坚持以人民需求为向导，直接影响着数字化公共服务的创造动力，关系着数字化公共服务的后续推进。① 上海在推进数字化公共服务实践过程中，始终关注市民的实际状况和真实想法，在城市数字化转型的目的与结果方面始终坚持以人民为中心，剔除了以往城市建设中人被技术控制，或者为了数字化而数字化的"异化"现象，切实提升了广大人民群众的幸福感和获得感。②

（四）坚持数字开放与安全相结合

当今时代，信息化已经成为不可逆转的趋势，要推动经济社会发展，必须牢牢抓住信息技术这个新机遇，充分利用现代信息技术建设城市、治理城市。党的十八大以来，党中央高度重视数字信息技术与经济社会发展的融合，党的十九大报告明确提出要"推动互联网、大数据、人工智能和实体经济深度融合"③，党的十九届五中全会进一步提出要"加强数字社会、数字政府建设，提升公共服务、社会治理等数字化智能化水平"④。这充分展示了党和政府对信息时代特征的准确把握，为城市发展指明了正确的方向。在推进数字化城市建设与治理的过程中，我们又要深刻把握各种新矛盾、新问题、新风险，尤其是信息技术给人们生活带来的各种安全隐患，始终坚持安全就是效益的理念，将数字开放与安全有机结合起来，更好助力新时代

---

① 郑长忠：《城市治理数字化转型要坚持以人民为中心》，《国家治理》2021年第1期。
② 郑磊：《城市数字化转型的内容、路径与方向》，《探索与争鸣》2021年第4期。
③ 《习近平谈治国理政》第三卷，外文出版社2020年版，第24页。
④ 《中国共产党第十九届中央委员会第五次全体会议文件汇编》，人民出版社2020年版，第35页。

城市发展事业。

第一，始终坚持数字化发展的大方向。城市建设与治理是城市发展中的重要问题，是事关人民群众幸福生活的关键问题。城市建设与治理能否把握时代机遇，直接关系到城市发展的水平，进而影响到人民群众的幸福生活。在信息化时代，人工智能、大数据、云计算等深入到生产生活的各个方面，成为经济社会发展的重要技术手段。城市建设与治理作为经济社会发展的重要环节之一，也理应充分运用现代信息技术手段，不断提高治理的专业化、智能化水平。进入新时代，上海高度重视智慧城市建设，在城市治理中充分利用现代科学技术手段，不断推进数字化公共服务进程。特别是新冠肺炎疫情发生以来，在医疗卫生、交通出行、文化教育等社会公共服务供给上充分利用智能技术与智慧手段，既有效提升了治理的科学性与有效性，又满足了人民群众的现实需求，为人们上学、就医、出行等提供了便利，由此获得了广大市民的认可与支持，为推动人民城市建设奠定了基础。

第二，不断夯实城市数字治理的安全底座。信息技术在给城市治理带来便利的同时，也增加了城市治理的风险，面对存在着的数据全面采集、过度使用甚至滥用、算法歧视、数字霸权、数字"利维坦"等问题，需要不断夯实安全底座，才能使人民群众的利益不至于在数字治理的浪潮中受到冲击，实现"数字善治"。近年来，上海不断推进数字化公共服务，同时也不断健全完善数字治理机制与规则，为城市建设和治理的数字化转型提供了有力保障和安全防范措施。例如，面对日益猖獗的电信诈骗事件，上海市反诈中心依托智能研判技术，深度开发和应用智慧公安系统，对涉诈电话、诈骗短信等进行主动拦截，实现了从"被动打击"向"主动防控"的转变，将各类电信诈骗及时扼杀在初始阶段，有效保障了人民群众的财产安全，构建起了数字治理的安全底座。

（五）立足上海、服务全国，推进城市数字化公共服务的共享

上海在古代中国仅是一个普通县城，至近代，随着西方列强的入侵，上海成为近代中国第一批被迫开埠的地方，开风气之先，成为近代中国第一大都市。有学者将近代上海城市的特点归纳为9个方面：一是典型的近代崛起的城市；二是受西方影响最大的城市；三是中国近代化起步最早、程度最高的城市；四是中国最大的港口城市；五是中国最大的多功能经济中心城市；六是全国文化中心；七是移民城市；八是富有反帝反封建斗争传统；九是畸形发展城市。[①] 上海解放后，历经计划经济和改革开放，在人口总量与集聚度、空间规模与利用程度、经济、文化、社会、生态等方方面面呈现出自身特点。城市公共服务包括共享方面复杂程度高、难度大，因此，持续推进城市公共服务共享对于提高城市治理现代化水平至关重要。

十多年来，上海充分利用信息化基础发展较好这一相对优势，根据上海特点，加速新一代信息基础设施建设，支撑城市能级提升。实现核心城区 5G 室外覆盖，使固定宽带平均可用下载速率连续六年领

---

① 张仲礼编著：《近代上海城市研究（1840—1949）》，上海人民出版社 2014 年版，第 13—19 页。

跑全国。①上海率先探索推进"一网通办"重大改革，再造公共服务业务流程、办事便捷性显著提升、数据汇聚共享应用实现新飞跃，成为政府职能转变的重要标尺和高效政务服务的金字招牌，为全国城市提供了示范和样本，形成了为全国城市可复制、可推广的经验。上海是推动公共数据开放的先行者、力行者。早在2011年，上海就开始了公共数据开放的可行性调研、政策制定和平台建设，不断对标、学习纽约、伦敦、新加坡等国际先进城市。2012年，上海在全国率先探索政府数据开放工作，在数据安全管控、分级分类开放、多元数据主体合作等领域进行了一系列调研和探索。2019年，上海数据交易中心在全国范围内首次发布"中国开放数据服务平台"，该平台覆盖了全国15个省的政府开放数据与全球1000个AI开放数据集，为行业与个人用户提供统一的开放数据资源引擎搜索服务。2019年10月，《上海市公共数据开放暂行办法》发布施行，该地方法规是国内首部针对公共数据开放的地方政府规章。2021年8月，《上海市残疾人事业发展"十四五"规划》发布，提出了14项主要指标和10个方面主要任务，其中，上海将充分运用城市数字化转型成果、全面赋能残疾人公共服务。《规划》提出，到2025年，上海将基本达到与社会主义现代化国际大都市建设相匹配的残疾人事业发展水平。"十四五"时期，上海将充分运用云计算、大数据、物联网等信息技术，通过感知、整合、分析以及智能化响应等方式，建立残疾人数据资源平台，强化各部门政务信息系统整合及数据共享交换，对实时数据进

---

①　上海市经济和信息化委员会：《上海智慧城市发展水平指数为105.86》，《中国电子报》2019年12月6日。

行深度挖掘分析，精准分析残疾人需求，全面助力残疾人迈入数字服务时代。①

　　上海在数字化公共服务共享方面，立足自身，服务国家发展战略，敢为天下先，无愧于中央对上海"改革开放排头兵、创新发展先行者"的期许。为人民提供优质、便捷的数字化公共服务，有力提升了人民群众的获得感、幸福感和安全感。

---

　　① 《数字赋能，让残疾人畅享智慧城市服务》，《文汇报》2021 年 8 月 13 日。

第 四 章

上海数字化公共服务共享实践存在的
不足及挑战

　　上海是全球超大城市，2019 年 GDP 规模达 3.8 万亿元，常住人口超过 2400 万人，轨道交通运营里程超过 700 公里，建筑总面积达 13 亿多平方米，是一个无论在广度、深度，还是在复杂度、不确定性上都异常突出的超大城市。要将城市管理的触角覆盖城市空间的各个区域，效果体现在一年 365 天、一天 24 小时的每时每刻。服务城市中的游客、就业人口、学生、老年人等各类人群，是一项极为困难的工作。近年来，上海积极践行习近平总书记提出的"人民城市人民建，人民城市为人民"理念，紧紧抓住数字化转型这一机遇，不断深化"一网通办""一网统管"，依靠以云计算、大数据、人工智能、物联网、5G 为代表的数字技术，通过"技术升级、数据赋能"，形成从传统治理到数字治理的转变，超大城市数字治理从区域到全局正在形成众治、共治、智治的新局面，数字化公共服务共享的广度和深度有了极大的推进，企业与市民的获得感不断提升。上海在推进公共服务数字化共享实践中仍然存在一些不足，面临一些挑战。

一、数字化公共服务共享过程中存在的不足和挑战

（一）数字鸿沟

1. 从数字歧视到数字鸿沟

随着互联网、大数据等技术的发展，如今的社会已经步入了数字化时代。手机支付、共享单车、网络社交平台等数字化技术的出现给人们带来了便利，人们也越来越依赖这些数字化技术，这表明数字化技术已经渗透到了生活中的方方面面，促使人们的生活方式发生改变。然而，大数据时代，网络上的内容呈现出爆炸式增长趋势，数据挖掘算法也应运而生。随着数据挖掘算法的广泛应用，出现了一系列突出的问题，城市在推进数字化公共服务共享过程中可能具有不公正性甚至歧视性。一般而言，数字歧视大多围绕性别、种族、收入和生活方式等方面展开，作为一项新兴的技术，并不是所有人群都能够很好地去适应并接受它，而这种由算法偏见造成的数字歧视则会导致巨大的"数字鸿沟"。在 1995 年的研究报告 *Falling through the Net* 发布之后，"数字鸿沟"成为主流概念，该报告讨论了国家内部和国家之间对新兴信息和通信技术的不平等使用。数字鸿沟是指信息富有者与信息贫乏者之间存在的鸿沟。[①]

---

① Van, J. (2006) Digital divide research, achievements and shortcomings. Poetics 34 (4-5):221-235.

2. 以老年人为主的数字弱势群体

美国学者普林斯基（Prensky）将数字化时代下的人类划分成两类——引领新媒体浪潮的数字原住民（digital natives）即青年人，和亦步亦趋适应新媒体浪潮的数字移民（digital migrants）即中年人。然而这个划分标准却忽视了另外一个庞大的群体，处于新媒体浪潮边缘的数字弱势群体即老年人。[①] 有学者认为，城市数字化转型新增两类贫困群体，其中一类就是"数字失能的老人、残疾人群体"[②]。

随着社会的发展，人类的寿命正在变得越来越长，人口老龄化已经成为一个全球性的问题。据联合国统计数据，2000 年全球 60 岁以上的老年人口约 6 亿，到 2050 年将增加到 20 亿。2021 年 5 月 11 日国家统计局、国务院第七次全国人口普查领导小组办公室发布的《第七次全国人口普查公报（第五号）——人口年龄构成情况》显示，2020 年 11 月 1 日零时我国大陆 31 个省、自治区、直辖市（以下简称省份）和现役军人的人口年龄构成情况中，60 岁及以上人口为 264018766 人，占 18.70%，其中 65 岁及以上人口为 190635280 人，占 13.50%。与 2010 年第六次全国人口普查相比，60 岁及以上人口的比重上升 5.44 个百分点，65 岁及以上人口的比重上升 4.63 个百分点。[③] 然而我国老年人的互联网使用比例较低。在数字化世界，这种老年人与青年人在数字化的接入和掌控程度等方面发展不平衡的状况

---

① 周裕琼：《数字弱势群体的崛起：老年人微信采纳与使用影响因素研究》，《新闻与传播研究》2018 年第 7 期。

② 姚尚建：《被计算的权利：数字城市的新贫困及其治理》，《理论与改革》2021 年第 3 期。

③ 《第七次全国人口普查公报（第五号）——人口年龄构成情况》，2021 年 5 月 11 日，见 http://www.stats.gov.cn/tjsj/tjgb/rkpcgb/qgrkpcgb/202106/t20210628_1818344.html。

产生了数字鸿沟。与此相对照的是，生活中越来越多老年人"触网"后却沉迷网络，成为"银发低头族"。而另一项研究表明，75 岁以上人群使用互联网的频率低于年轻群体。①

在数字化普及的当下，相当部分老年人成为"数字难民"，被排挤在数字化浪潮的边缘，无法完全享受数字化带来的便利。信息化给人们带来了很多便利，以看病为例，网络预约挂号看病、移动支付缴费已成为常态，但对于许多不会使用智能手机的老年人来说存在很多阻碍，例如去医院挂号、缴费、看病、检查就像在"走迷宫"。看病难成为老年人的主要困扰。数字化浪潮下，我们不应让老年人"掉队落伍"，而如何让老年人更好地融入数字化时代是一个极富挑战性的难题。为应对这一难题，我们要先明白数字化时代老年人所面临的困扰及其背后的原因，才能对此提出相应的对策。

3. 数字鸿沟对老年人造成的困扰及根源

2021 年 10 月，我们对上海部分 60 周岁以上的老年人随机访谈后发现，数字鸿沟对老年人造成的困扰主要表现在以下三个方面：其一，无法记住复杂的操作过程。随着智能设备的多样化及功能的复杂化，有的老年人无法使用烦琐的功能，或者无法分辨重要软件和信息，甚至可能误删。其二，界面频繁弹出广告窗口。有老人表示在他们使用手机的过程中，会弹跳出许多广告，一方面他们不会关闭广告，另一方面即使点击关闭按钮，仍然会自动跳到广告页面，不能退出。其三，使用范围受文化水平的限制。许多老人并没有接受过教育，在使用手机时会受到一些限制，比如看不懂信息提示和操作指引等。

---

① Cotten, S. R. (2017). *Examining the Roles of Technology in Aging and Quality of Life.* The Journals of Gerontology: Series B, 72(5), 823-826.

产生数字鸿沟的根源在于：

第一，老年人这一群体自身的主观原因。互联网是数字时代的核心部分，电子设备是个体沟通数字世界的媒介，所以个体使用电子设备的情况和上网情况能反映出个体对数字化的接受能力。而老年人对电子设备的使用能力和上网能力都显著弱于青年和中年人，这一现象可能与老年人自身的状态有关。前人研究发现：随着年龄的增长，个体的生理和心理状态、认知能力都会逐步下降，对新事物的接受能力也会减弱。这些变化会对个体使用互联网产生直接影响。在生理上，视觉听觉的弱化会限制老年人可使用的数字化技术的种类；在心理上，老年人对技术使用缺乏自信，容易产生自我焦虑；在认知方面，注意力和记忆力的衰退会影响老年人学习数字化技术的能力。[1] 所以相较于年轻人和中年人而言，老年人学习和使用互联网显得更为困难，其进程也会更慢。

人口结构老龄化问题是全世界都面临着的问题，而数字化时代的到来又是科技发展所带来的必然结果。老年人与数字化时代的碰撞更是一种旧工业时代和信息时代的碰撞。近年来也有许多类似由于相当部分出租车司机通过"滴滴"接单导致老年人难以打到车，以及老年人不会使用健康码无法出入某些地方的现象出现，给年轻人带来便利的数字化技术却对老年人的生活产生了困扰。近年来，科技的飞速发展促使人们生活方式不断更迭，老年人自身的学习能力却在不断下降，难以适应这种新兴科技带来的"福利"。相对而言，老年人更熟悉的是一些传统的生活方式。老年人所适应的传统生活方式注定会被

---

① 许肇然、胡安安、黄丽华：《国内外老年人互联网使用行为研究述评》，《图书情报工作》2017 年第 20 期。

数字化时代所带来的新生活方式所替代，如果老年人不能主动适应数字化时代的生活方式，那么给人类带来便利的数字化技术必然会给老年人带来各种各样的困扰。然而，老年人由于年龄的增长，认知功能有所下降，故而接受新事物的能力大不如年轻人，一些老年人甚至不愿意去尝试接触数字化这种新事物，这就是症结之所在。老年人很难适应新的生活方式，这给他们带来困扰，但他们又不愿去主动学习和接触新事物，这是导致他们困扰的原因。

我们在实际的访谈过程中也发现，受访者中大多数老年人抱着"不需要，没必要"，"发发微信打打电话就够了，没必要学那么多东西"，"年纪大了没必要再去学了"的态度来面对数字化时代。即便一些老年人会使用一些数字化技术，那也是为了便于和子女联系，这属于他们眼中的"必要技能"。处于数字化时代边缘的老年人群体看似并未太多地被数字化时代所困扰，实则这种边缘化状态就是最大的困扰。当新的生活方式取代旧的，常常给被边缘化的老年人的生活带来诸多不便。当子女后辈都沉溺于数字化的世界中，亲情变淡，或许老年人也会感到孤独；当数字化的生活取代现实中的部分生活，老年人社交范围便被缩小至同样处于数字化时代边缘的其他老年人，而少了与有活力的青年一辈打交道的机会。

第二，外界客观因素。2021年1月起，国家工信部开展为期一年的互联网应用适老化及无障碍改造专项行动，首批适老化改造包含新闻、购物、社交、出行、金融、医疗六大类，共43个APP。一年期限将至，"不少APP适老版仍存在入口难找、专区少、广告偏多、字体小等诸多不合规设计。让不少老人感觉这些改造'浮于表面'

'流于形式'"。① 智能化应用系统及其功能往往由养老服务供给主体（年轻人或中年人）主导设计，同理心的缺乏使得他们难以与老年用户共情并为其提供具有温度的服务，智能手机适老化改造存在"闭门造车"的现象。电信公司推出的"助老一键通"服务其实并不好用，对于老年人来说依旧过于复杂。事实上，原因也很简单——开发者本身都是年轻人。因此，开发者可能并没有意识到老年人使用这些产品时的实际需求究竟是什么。并且，在开发的过程中，并未考虑到多个因素对老年人的影响，包括造型、颜色、制作材料与界面等。因此，企业在开发针对老年人群体的产品时，应该更多地考虑其实际功效，做好实际调研与产品测试，强化对于适合老年人使用的电子产品的开发。

对于政府而言，缺乏专门针对老年人的数字化公共服务的供给。面对数字鸿沟的困境，其实国家和地方政府也有相关的政策出台，例如 2020 年国务院办公厅发布的《关于切实解决老年人运用智能技术困难的实施方案》，工业和信息化部发布的《互联网应用适老化及无障碍改造专项行动方案》等，切实强调：坚持传统服务方式与智能化应用创新并行；切实解决突发事件应急状态下老年人的服务保障；坚持抓紧解决当前面临的突出问题，为数字化困境中的老年人谋求解决方法。地方政府也积极响应国家号召，推出人性化服务。虽然国家和地方政府出台了相关政策，但未能根本上解决老年人所面临的数字鸿沟问题。

---

① 余宗明：《APP 适老化改造当"应改尽改"》，《光明日报》2021 年 12 月 23 日。

（二）法治化水平不足

随着大数据时代的来临，数字产权也出现一些争议，主要可以归结为三大核心问题：数据归谁所有？谁可以使用数据？以及数据收益如何分配？数字化时代的公共服务共享的过程其实就是收集数据、使用数据的过程，因此，必然会面临有关数据产权的两大困境。

第一，数据产权立法匮乏。受限于立法技术和经济发展水平，包括《民法通则》《知识产权》以及《物权法》等在内的现行法律法规均未将数据和网络虚拟财产纳入财产权利客体的范围，但随着数字技术和网络技术的快速发展，数据和网络虚拟财产的经济价值和社会价值正在逐渐显现，并在全社会范围内得到了广泛的认同。在此背景下，2017年3月15日出台、10月1日生效的《民法总则》关于民事权利一章的第111条、第127条采取了个人信息保护权和数据区分保护的方式，明确了数据的民事权利客体的地位。虽然在现阶段，本条规定只是一个引致条款而并无实际规范内容，但它具有十分重要的制度创新意义，也是我国民法典时代特性的具体体现。不过，目前有关数据产权的单行法仍未创建，这使数据产权保护仍然处于立法空白的尴尬境地。

第二，数据产权保护方式不明确。我国《民法总则》的出台为数据权利确立了区分保护的立法方向。通过对《民法总则》进行体系解释，数据信息位于民事权利一章，该章整体上均是对民事权利进行规范。从这个角度看，《民法总则》创新性地明确了数据权利为民事权利的保护方式，但此种立法方式却选择性地搁置了数据确权的争议，造成了立法空白。同时，从这种单独列示加引致的立法技术可以看出，当前立法对于数据产权的态度尚不明确。

当前司法实践中，处理数据诉讼案件主要是通过《合同法》《反不正当竞争法》两种途径。但是，现有的解决方式并不能使得数据财产得到充分、合理、有效的法律保护。总的来说，要想提高公共服务供给的法治化水平，首先应该对用户数据做出明确的法律定位，并建立一种实体权利保障机制。

（三）数据开放不足与"大数据傲慢"

1. 数据开放不足

大数据时代，数据依靠流动创造价值，已成为深入人心的理念。数据实现开放和共享具有重大意义，能够提高数据的利用率，同时，数据开放共享适用于公共服务共享的各个领域。在政务数据建设方面，国家正在加快推动构建统一高效、互联互通、安全可靠的国家数据资源体系，初步建成统一数据开放共享平台。随着政府数据开放共享交换平台的运行，市级（含）以下各级政府部门及其工作人员直接登录平台即可获取国家、省（市）发布的政务信息资源。该平台能够支持本单位政务业务的"无孤岛化"运行，进而为行政权力"一体化""一站式"网上运行创造条件，使"零距离办事"成为可能。数据开放共享的方式主要包括数据开放、数据交换和数据交易等。

不过，由于数据开放共享的专业性强、难度大，因此开放共享的过程中也面临很多问题。有研究显示，"目前数据开放共享主要面临三个方面的问题：一是数据条块分割严重，服务推行困难；二是数据平台缺乏统一标准，'一个部门一个样，放开了也拿不走'；三是一些数据资源丰富的部门不愿共享"①。本书将数据开放不足总结为三大问题：第一，已有数据资源积累的部门或企业出于观念、利益和安全等多重因素的考虑，绝大多数都不愿意分享自己的数据，即"无意愿"开放共享。第二，数据泄露等安全事故频发和出于数据伦理问题的考虑，企业乃至地方政府对数据开放共享望而却步，即"无胆量"开放。第三，大数据的独特性使得企业、平台或地方政府对数据进行分析处理的难度大大增加。随着大数据浪潮风起云涌，一些政府部门和垄断机构掌握的丰富数据资源成为香饽饽和聚宝盆，然而，大数据企业很难获得这些公共数据，企业日常运营中信息审核成本巨大。数据的利用具有专业性强、难度大的特点，对技术要求较高，而且上文所述的公共服务共享法治化水平不足，数据共享的要求、规范和条件都尚未形成具体的法律法规和标准规范。关于数据共享开放，目前国家和地方层面出台了一些管理制度，但主要针对政府间行为。这些因素均加重了"数据孤岛"现象，即"无本领"开放共享。

在国家层面，2016年9月发布的《政务信息资源共享管理暂行办法》规定，政务信息资源按共享类型分为无条件共享、有条件共享和不予共享三种。可提供给所有政务部门共享使用的政务信息资源，属于无条件共享类；可提供给相关政务部门共享使用，或仅能够部分提供给所有政务部门共享使用的政务信息资源，属于有条件共享

---

① 孙洪磊、南婷、韦慧、李惊亚、马意翀：《政府垄断致公共数据束之高阁浪费严重》，《经济参考报》2015年2月25日。

类；不宜提供给其他政务部门共享使用的政务信息资源，属于不予共享类。

在地方层面，为打破部门利益藩篱，《上海市公共数据开放暂行办法》（沪府令 21 号）明确提出："市大数据中心应当依托市大数据资源平台建设开放平台"，同时，"对列入有条件开放类的公共数据，数据开放主体应当通过开放平台公布利用数据的技术能力和安全保障措施等条件，向符合条件的自然人、法人和非法人组织开放"[1]。

然而，这些政策文件主要还是从宏观和顶层设计的角度对政府数据开放共享进行规定。目前，政府还没有对数据开放共享的原则、数据分类和开放边界、数据格式、质量标准等作出规范。而且数据在采集、传输、存储、处理、交换甚至销毁等各个阶段，其所有者和使用者往往都不同，存在数据所有权和使用权分离的情况，很容易导致数据滥用、数据权属不明确等问题。针对这些情况，现阶段都没有明确的法律法规予以指导和规范，所以导致数据开放共享难以操作，出现问题也找不到相应的法律加以解决。

2. 大数据傲慢

所谓的大数据傲慢是指大数据可以完全取代传统的数据收集方法而非作为后者的补充。这种观点的最大问题在于，绝大多数大数据与经过严谨科学试验得到的数据之间存在很大的不同。

随着数字化时代的到来，有人提出"数据就是新的石油"的论断，不少非专业人士认为数据可以解决一切问题，包括城市公共服务共享中面临的许多挑战。事实上，大数据不能解决一切问题，大数据

---

① 《〈上海市公共数据开放暂行办法〉（沪府令 21 号）》，2021 年 11 月 5 日，见 https://www.shanghai.gov.cn/nw45024/20200824/0001-45024_62638.html。

本身的价值还需要更多科学、适用的方法来加工提炼。在智慧城市建设过程中，需要对大数据的价值和局限性保持清醒的认识。一个新近的现实案例莫过于，即使在目前社交网络极度发达的时代，有关新冠病毒疫情的信息，传递和传播速度仍然显得不够及时。这不是信息和数据的不足，而是我们研判和利用数据的方法不够完善。

此外，由于指标设计不合理、算法僵化或过时等问题所引发的运算分析偏误，也会影响公共服务的共享。算法虽然遵循严格的流程和步骤，但是设计和应用程序的人却未必那么严谨与稳定。多个程序、算法、系统的交互、融合，会产生未知的冲突和漏洞，从而引发难以察觉的风险。因此，城市在推进数字化公共服务共享的过程中需要更强的、更具现实意义的数据处理能力，而不是更多的数据。

（四）数据安全问题

1900 年，全世界仅有 15% 的人口住在城市，随着经济发展与社会转型，有研究表明，预计到 2030 年城市人口将达到 50 亿，约占世界总人口的 60%，[①] 人口向城市的不断集中为城市发展创造了巨大的机遇的同时，也提出了新的挑战。随着城市科技水平的不断攀升，新技术可以用来优化人们的生活、解决城市问题，但也有可能会被滥用，导致新技术威胁公民自由、侵犯个人隐私，甚至威胁整个社会的网络信息安全。可以说，数字化时代给我们的城市带来了一个充满矛盾的未来，促使城市面对一系列需要考虑的复杂因素。数字

---

① P.Neirotti et al., *"Current Trends in Smart City Initiatives: Some Stylised Facts"*, Cities, Vol. 38, 2014, pp. 25-36.

化时代在迭代与发展的过程中必须关注有效性与安全性之间的平衡问题。

尽管数字化已经成为近年来城市发展中一个非常重要的概念，但它并不是"万能的"，其自身也存在很多安全问题。例如信息传播技术的普及使得城市容易受到网络攻击、系统脆弱和数据泄露等数据安全问题的影响。从城市安全视角来看，数字化时代的公共服务共享在被赋予了更加丰富内涵的同时，也存在体制脆弱等问题，从技术角度过分关注数字化的概念可能导致我们忽略技术可能造成的破坏性影响。数字化公共服务共享的关键在于数据的开放与共享，而在数据收集与数据共享过程中主要存在两方面的数据安全问题。

1. 个人隐私威胁

大数据时代，人们经常有一种"被扒光"和"被操控"的无力感，因为数据比我们更清楚地了解我们自身。近年来，随着大数据在政府公共管理尤其是公共服务共享中的广泛应用，政府管理与个人信息保护的矛盾逐渐浮出水面。2017年9月23日播出的《辉煌中国》纪录片第五集中，展现了"中国天网"监控的最新实时行人检测识别系统。这套系统可以实时监测区分机动车、非机动车和行人，很多人都为天网所监控的个人隐私担忧。

2021年2月22日，一微信公众号发布报道推文《上海健康码照片非本人疑因后台数据出错或致个人信息泄露》，称一些上海市民发现自己的随申码照片非本人。上海市大数据中心表示，2021年1月，因"随申码"后台数据库扩容，导致个别已纠错市民的照片被覆盖。平台从建设伊始就已作严密防护，在数据存储、传输和使用等方面均做了安全防护，在源头上避免了个人隐私信息泄露的可能性。①

随着摄像头设备和人脸识别技术在数字化时代的成熟应用，每个商业空间、公共空间和半私人空间都被安装了各种监控设备，公共空间与私人空间的界限不再清晰，技术对于人们城市生活的侵入更加智能，也更加隐蔽。必须承认，智慧城市、智慧社区的发展从一定程度上会对中国传统居住观念造成冲击。当摄像头"闯入"私人生活领域时，整个社区的公共关系将遭受破坏，同时，也可能会对传统街区造成不可逆转的破坏。

近年来，作为公共事务管理机关政府无时无刻不在收集社会各界的数据信息，如公民个体的身份证信息、指纹信息、信用信息以及出行信息等。目前，中央和地方省级政府正在推动建立统一的政务云平台和数据共享交换平台，致力于打破"数据孤岛"，实现数据自由、有序流通。无论是政府各部门之间的数据交换共享，还是政府向社会公众释放数据信息以促进数字经济的深度发展，都无法回避数据权属问题。GPS 技术、人脸识别技术在国家和政府进行公共服务供给的过程中发挥至关重要的作用，必须对公民的个人信息进行收集、储存和利用等。在这个过程中，个人隐私和个人信息是完全公开的，如果行使不当，就很容易造成对公民个人尊严的侵害。因此，如何在开展有效公共管理的同时保护好公民个人信息，已成为政府面临的一个重要问题。

2. 信息安全问题

这里的信息安全问题不是个人信息被侵犯的问题，而是数字化时

---

① 《健康码照片非本人或致信息泄露？上海市大数据中心回应》，2021 年 11 月 5日，见 https://www.thepaper.cn/newsDetail_forward_11446151。

代公共服务共享过程中整个社会所面临的网络信息安全挑战。网络攻击可以针对公共服务供给中的每个组件。以响应式环境监控为例，城市中各种基础设施的监控和数据采集系统、物联网的传感器和控制器很容易受到黑客攻击。然而，随着传感器成本的不断降低，政府希望能收集与运营相关的一切数据，这些可供使用的数据就面临被滥用的风险。谁可以拥有大量的城市数据？实际上，没有人应该拥有城市数据，它应该是自由和公开的。然而，数据公开与共享就涉及网络信息安全问题。

近年来，数据泄露事件屡屡发生，数据泄露数量不断增加，波及众多行业，给政府、企业和用户带来了难以估量的损失。有关研究显示，"2018年上半年，全球共发生了945起数据泄露事件，导致共计45亿条数据被泄露，过去5年有近100亿条记录被泄露，平均每天泄露的记录超过500万条"[1]。系统漏洞、黑客、网络爬虫等都是数据泄露的主要原因，而系统漏洞则是数据泄露的重要源头。

在数字化时代，上海等超大、特大城市的信息安全显得尤为重要。中国各类重要信息主要集中在特大城市，向中小城市和乡村地区传播信息的速度不断加快，然而中国超特大城市信息安全防护的能力与其信息中心的地位不相称。与发达国家相比，中国超特大城市在信息安全防护方面尚有较大的差距。[2] 公共服务共享的前提是保障信息安全，在数据开放与共享的过程中必须建立和完善共享平台的数据安全管理制度，以及数据安全保护、安全服务和安全监测等技术措施，

---

① 张莉主编：《数据治理与数据安全》，人民邮电出版社2019年版，第112页。
② 韩新、丛北华：《超大城市公共安全风险防控的主要挑战——以上海市为例》，《上海城市管理》2019年第4期。

确保共享平台运行安全和数据安全，为数据提供方和使用方提供安全支撑服务，为数据安全监管者提供支持。

（五）信息分割与数据孤岛

1. 政府间的数据割据

当前，城市政府公共服务共建依然存在各自为政、重复建设的问题，部门条块分割比较严重，各部门之间沟通困难。出于权限和利益问题的考虑，很多单位将政府数据资源部门化、专属化、利益化，存在所谓"数据话语权"思维，对数据开放共享存在抵触情绪以及推诿现象，导致"数据割据"问题严重，也就是很多学者在研究中指出的"信息孤岛"。

徐国冲认为我国各大城市在探索公共服务智慧化过程中运用大数据技术确实建立了许多数据库，但是这些数据库因为行政藩篱、区域隔离等多方原因而无法联合成网，从而形成"信息孤岛"，无法充分发挥应有的作用。[①] 孙芊芊表示，智慧城市建设确实存在一哄而上的现象，因此在智慧公共服务供给过程中，依然存在城市内政府各系统我行我素，无法达成条块统一、步调一致的理想效果，导致审批难、协调难、推进难，从而服务体验一如既往。[②]

数字化时代的智慧城市是以大数据、物联网等尖端信息技术为手

[①] 徐国冲、郭轩宇：《城市综合承载力的评估框架与提升策略——来自新加坡的启示》，《上海行政学院学报》2020 年第 1 期。

[②] 孙芊芊：《新时期智慧城市建设的机遇、挑战和对策研究》，《江淮论坛》2019 年第 4 期。

段，建立在传统的数字城市基础之上的。城市内和城市间发展随着信息孤岛效应的扩大呈现出新的特点，同时产生了特定的矛盾。唐斯斯等认为我国新型智慧城市建设中的区域差距不断扩大，并且暂时无法找到切实有效的方法阻遏制这种趋势，城市中心和副中心智能水平迅猛提升，市郊、老城区则发展缓慢。① 何琴通过 AHP 层次分析法对环渤海、长三角、中西部三大城市群智慧化构建政策进行评价，发现三者在基础设施建设方面成效显著，但是在公共管理、公共服务应用方面得分都较低，这表明政府的公共管理和服务能力都亟待提高，制度层面的保障也亟须加强。② 楚天骄则认为，上海智慧城市规划只在部门间磋商而没有广泛征求市民群众、社会组织等的意见，无法有效把控智慧城市建设整体需求情况，无形中构筑了封闭的"信息烟囱"。③ 可以发现，区域发展不平衡、领域之间发展不均衡是无法避免的老问题。

"近年来，上海市信息化建设积累了大量的人口、企业房地产等基础数据，但由于各部门数据多源且异构、各自平台相对独立，极易形成数据孤岛，造成数据应用效果不理想。"④ 也就是说，条块分割以及各个体系的信息分割造成了"智慧城市不够智慧"的情况出现。

一方面，信息分割形成了"条状孤岛"。我国各职能系统的垂直

---

① 唐斯斯、张延强、单志广等：《我国新型智慧城市发展现状、形势与政策建议》，《电子政务》2020 年第 4 期。

② 何琴：《基于 AHP 的智慧城市建设水平评价模型及实证》，《统计与决策》2019 年第 19 期。

③ 楚天骄：《伦敦智慧城市建设经验及其对上海的启示》，《世界地理研究》2019 年第 4 期。

④ 李有增、徐振强：《超大城市智慧化建设的反思与启示：基于上海的实践》，《中国名城》2019 年第 2 期。

延伸使得信息能够实现纵向上的流通，比如公安系统有自己的数据系统，卫生、税务和法院等部门也各自有系统。然而，在数字化公共服务共建的过程中，由于各系统之间的部门隔阂，很难保证有关于公共服务的数据在各条线系统上的横向流通。另一方面，以中央或地方政府为主导的建设模式则造成了"块状孤岛"。数字化公共服务建设目前正在探索期，多以各地方政府为主导；中央多是在有成功经验后进行引导推广，而非采取强硬决策。比如群众性治安防控工程"雪亮工程"，就是在山东临沂首先尝试并取得成功后，于2017年6月由中央向全国推广。但由此会带来"各扫门前雪"的问题，造成以地域为分界的数据孤岛，各地数据不互通。

2. 企业间的数据垄断

实际上，信息孤岛现象不仅存在于政府部门之间，一些企业之间的此类现象也非常严重。被誉为互联网之父的蒂姆·伯纳斯·李（Tim Berners-Lee）指出，互联网的发展曾经有一个非常重要的长尾效应，不同规模的企业都有自己的生存空间。[①] 但是今天，长尾效应失效了，相反地，头部效应十分明显。互联网巨头掌握了海量的数据，像百度、腾讯、阿里巴巴等互联网公司分别掌握了搜索、社交和消费数据，并向人们提供公共服务。如果这些企业掌握的数据能够共享与开放，就可以拼凑出一个完整的互联网数据图谱，但事实往往是互联网企业之间的竞争多于合作，而它们之间的竞争状态进一步加剧了"数据垄断"的现象。

其实，最早出现的"数据垄断"一词是针对政府的，与"数据

---

① 张莉主编：《数据治理与数据安全》，人民邮电出版社2019年版，第25页。

民主"相对应。当前，关于数据垄断没有形成统一的定义。从数据占有角度来说，数据垄断是指独占数据；从数据流动的角度来说，数据垄断意味着不共享数据；从个人信息保护角度来说，数据垄断是指控制个人数据。数据垄断的危害性主要体现在数据壁垒方面，"表现为拥有数据及相关的算力和算法的企业可以产生市场力量，通过'使用者反馈'与'获利反馈'使企业数据收集能力不断自我增强，造成各数据收集者之间的数据鸿沟越来越大，而其他企业没有替代性的数据或者无法获得相关数据，从而形成一种市场壁垒"[1]。

二、数字化公共服务共建过程中存在的不足和挑战

（一）缺乏顶层设计

城市数字化转型并不是单纯信息化的问题，也不是单纯数字城市的问题，而是一场深刻的变革。它不仅融合了云计算、物联网、大数据、地理信息等新一代信息技术，数字化转型还将推动城市管理方式的变革，让公众成为驱动城市发展的真正核心。其中，一个高效运转的政府、一个可持续发展的产业环境、一个便捷的民生环境，才是智慧城市的核心要件。智慧城市建设需要一个完整、完善的决策、组织、协调、执行、支撑体系对其进行全面统筹、合理规划、整体推进和具体实施。组织架构是其必要保障。依据职责的不同，划分智慧城

---

[1] 郭大磊、刘东：《信息社会数据垄断危害及其检察应对》，《检察日报》2021年9月7日。

市组织架构的成员包括政府、企业和最终使用用户等诸多参与者。

我国智慧城市的组织架构不同于英国和新加坡等国家的首席信息官架构，也不同于美国的领域纵向架构。以上海市为主的智慧城市建设是以专职统筹架构为建设框架的，其顶层设计是以专项负责智慧城市建设和运营的独立机构为领导小组，基于区域政府制定的行动纲要和总体规划，组织领导各成员单位合作建设的交叉型组织架构建设模式。该领导小组从属于区域政府，以相关研究机构和专业委员会为支撑，下设资金、人力、审计等具体职能单位，与有关城市建设、运行和管理的其他部门和行业建立横向联系。专职统筹架构下具体工程由领导小组和相关行业主管部门共同监督管理，由信息通信企业和各行业智慧化建设部门共同承建。我国的智慧城市建设以城市功能整体提升为目标，以综合性工程为项目形式，注重从城市发展战略的高度制定顶层设计，自上而下、多部门协作推进建设项目落实。专职统筹架构是我国各省市开展智慧城市建设主要采用的一类组织架构。

《关于全面推进上海城市数字化转型的意见》指出，为了科学有序全面推进城市数字化转型，创新工作推进机制的重点在于健全组织实施机制。"充分发挥上海市城市数字化转型工作领导小组作用，充实领导小组办公室工作力量，建立健全统筹协调和推进机制，做好重大政策举措的统筹推进和考核评估，加强跨区域、跨部门、跨层级的组织联动。"① 然而，目前上海的数字化转型的顶层设计尚显不足，缺少通用性和适配智慧城市运营和建设主体——政府机构的整体技术架构。同时，之所以会产生信息分割与数据孤岛，就是因为城市设计

---

① 《关于全面推进上海城市数字化转型的意见公布》，2021 年 11 月 5 日，见 https://ghzyj.sh.gov.cn/gzdt/20210108/4dc5093a51e2462293a1a4ea104b1b71.html。

建设过程普遍存在行业之间不联通、系统设计缺乏层次性等问题。

首先，工作推进机制不够健全。有学者指出："目前，上海智慧城市建设在基础设施建设、整体推进建设、技术产业平衡、实际应用效果等方面上仍存在着市民生活的'智慧'感受明显不足、智慧产品的产业化程度较低、产业规模和竞争力比较薄弱、城市公共服务的非连续性和碎片化现象严重等问题，智慧城市整体效能尚未很好地发挥。"[①] 而造成这些问题的原因之一就在于工作推进机制不够健全，顶层设计无法落地。高大上的规划超越了地区经济的支持能力、超越了需求的消化能力、超越了应用效益回收成本的能力，甚至超越了政府投资决策的心理承受力，直接阻碍了顶层设计的落地。

其次，冗杂机构的问题。很多智慧城市方案都提出建立城市运营管理中心和大数据中心，但对于新部门要解决什么问题并没有经过认真地分析。政府增设新部门成本很高，不仅增加人员开支且人才聚集难度很大，人才不到位的部门等于虚设，而且部门有规模效应，城市越小风险越大，中小城市照猫画虎会适得其反。信息技术的优势是能够改善与优化相关组织的运作效率，有助于精简机构而不是膨胀机构，政府新业务可通过调整原机构的职能来解决。很多改进可以通过PPP模式政企合作与政府采购服务等方法来解决。最重要的是，依照《关于全面推进上海城市数字化转型的意见》，充分整合、归并原有的相关领导机制和议事协调组织，参照成立本地区、本部门数字化转型工作领导小组，避免低水平重复建设。

---

① 李有增、徐振强：《超大城市智慧化建设的反思与启示：基于上海的实践》，《中国名城》2019 年第 2 期。

（二）城市数据资源体系不够完善

城市数据资源开发利用能力是智慧城市能力体系的核心。大数据时代，只有具备了城市数据资源开发利用能力，其他各项能力才能真正发挥作用。目前，上海市数据资源体系呈现出不够完善的趋势，其实就是不够规范和"智慧"、缺少互通与共享。主要表现在以下三个方面：

1. 专业化割裂

专业化割裂指的是因为没有提前设置和沟通好接口标准，智慧城市的各个组成模块的专门化建设所积累的数据和信息没办法打通，从而无法形成综合分析合力，甚至会在实际工作中出现矛盾和冲突。这样的割裂，既可能是软件和数据上的，也有可能是硬件设备上的。

不过，对于智慧城市建设影响最大的还是数据和软件标准的转化割裂。而打通数据壁垒，是让城市变得更智慧的重要工作。相关公共服务部门应该利用数据来提升自己的管理效率。智慧城市建设是一个复杂的系统工程，涉及的学科包括计算机科学、信息工程、地理信息系统、公共管理学、区域经济学、城市社会学等。目前智慧城市理论方法研究还比较零散，尚未形成体系。为了更好地指导全国各地的智慧城市建设实践，应加强智慧城市理论方法研究，保证数字化公共服务共享与共建的可持续性。

2. 跨部门数据开放共享不足

建立一个完善的数据平台，为我国公民提供更加便捷的政府数据服务，是大数据时代对我国政府提出的新要求。我国数据开放工作起步较晚，但上海一直致力于数据开放建设。目前，上海市跨部门数据开放共享平台还存在以下问题：

首先，数据冗杂，分类不明。2016 年，上海市人民政府印发了《上海市政务数据资源共享管理办法》（以下简称《办法》），《办法》中提出跨部门数据开放共享后，相关政府部门积极响应，并提供了一些数据。但数据所涉及范围较广、内容多、相关性不明显、形式标准并不统一，造成数据繁多冗杂，质量参差不齐。由于未能从数据源头进行数据整合，导致数据繁多冗杂，缺少准确性。

其次，技术人员不足。数字反馈技术诚然是城市智慧化建设的基石，不过由于城市生态系统具有复杂性，最需要的仍然是技术人员。上海跨部门数据开放共享仍处于起步探索阶段，急需技术人员。但公务员系统内，技术型人才严重不足，这成为制约数据平台的短板。

最后，操作不便，难以满足共享需求。在跨部门数据交流过程中，分类固定，以输入便捷为目的，而忽视了用户需求。再者，缺少专门的内部数据共享 APP。现当今，APP 的使用极其普遍便利，虽然有"随申办"等 APP 供城市居民使用，但政府内部却缺乏自己独有的数据开放共享 APP。

3. 城市优势在数字化转型方面发挥不足

互联网的高速普及、智慧城市的建设，聚合了大量的数据，这些数据成为城市发展的重要资源。在近几年的实践中，我们看到了数据互联互通逐步促进整个城市的发展。基于数据的精细化治理、精准化服务与智能化决策将是实现数字化公共服务共建与共享的破解之道。基于这样的认识和思考，智慧城市的进化以及城市基本公共服务的发展将会涌现出更多的、符合各个城市特征的创新中心。数字化、模块化的公共服务能力，将会更容易实现针对特定场景的定制化应用，同时也可以更快地部署到位，从而帮助构建更多人际连接和人际交流，激发各种想法的碰撞，形成城市的创新中心，进而支持和助力经济的发展。纵观目前上海推进数字化公共服务的共建与共享，上海的城市优势在数字化转型方面发挥不足。有学者在研究中指出："上海区域内的智慧城市和大数据企业，与市内现有的 29 个智慧园区在空间上缺乏有效关联。智慧园区主导产业缺乏有效的产业组织、主导产业多数近似，多数运营现状欠佳。240 余家行业企业欠缺占据中国主导地位的智慧城市总集成商。"① 可见，上海在推进数字化公共服务共建与共享过程中，产业思维、行业、人才引领和创新地标等方面均未形成特有的城市优势。

（三）公共服务共建制度不健全

上海市智慧社区建设在制度保障方面有实质性进展，从指导层面上为推进智慧社区建设助力。2013 年，在总结试点示范工作和借鉴国内智慧社区建设经验的基础上，上海市经济信息委、民政局、文明办联合编制了《上海市智慧社区建设指南（试行）》②（以下简称《指南》）。《指南》围绕信息基础设施、社区生活服务、社区管理与公共服务、智能小区、智能家居和其他六个方面详细介绍了智慧社区

---

① 李有增、徐振强：《超大城市智慧化建设的反思与启示：基于上海的实践》，《中国名城》2019 年第 2 期。
② 《上海市智慧社区建设指南（试行）》，2021 年 10 月 28 日，见 http://www.jiading. gov.cn/keji/xxh/zczn/content_75362。

建设的各项内容，指导各区开展智慧社区建设。即便如此，上海推进数字化公共服务共建过程中依然存在供给制度不健全的问题，主要可以总结为三个方面：

1. 公共服务供给体系尚未健全

一些地方政府往往将经济发展作为第一目标，而忽视了公共服务供给体系的建立健全，因此难以满足公众的公共服务需求。当社会经济发展到一定阶段，公众对公共服务的需求越来越受到重视，公共服务供给的各项问题也日益被摆到更为重要的位置上。

从决策层面来看，贾凌民等认为，公共服务决策应最大限度地体现公民的真实需求，而不是由政府简单地主观推断或是重大利益集团的利己诉求来达成供给决策。[①] 姜德琪则进一步强调，政府不应寄希望于民众主动参与到公共服务供给决策中来，而是需要采取宣传教育甚至鼓励奖励等方法来促进民众参与社区服务与管理，这是进行民主决策的关键一环。[②]

从区域层面来看，上海当前的公共服务共建呈现出显而易见的中心城区与郊区的差异，供给的不公平又将反过来制约城市经济发展。[③] 有学者强调，落后地区的基本公共服务水平无法满足居民迅速增长的公共需求，这主要是因为政府单方供给的多样性、覆盖面都无

①　贾凌民、吕旭宁：《创新公共服务供给模式的研究》，《中国行政管理》2007 年第 4 期。

②　姜德琪：《关于构建城市社区公共服务供给平台的思考》，《湖北社会科学》2009 年第 3 期。

③　齐岳、秦阳：《城市群公共服务均等化与经济发展不平衡关系研究》，《统计与决策》2020 年第 21 期。

法达到相当标准。①

从居民体验来看，姜晓萍认为，公共服务的投入力度虽然逐年上涨，但仍然难以跟上市民公共服务需求的增长速度，因此政府公共服务供给能力不足和市民满意度低已经成为常态化问题。② 何艳玲等则指出，城市公共服务体验的不理想直接影响了市民城市归属感的增强。③

2. 公共服务共建模式单一化

在上海的一些偏远社区依旧保持着传统的公共服务供给模式。此种供给模式下，基层政府身兼资方、生产方、服务方三职，一站式全程参与公共服务供给的全过程。这种传统模式虽然在服务连贯性和追责直接性方面存在一定的优越性，但是因为全程只有政府参与，导致提供的服务具有排他性，社区居民往往处于被动地位。

因此基层政府往往会将自身置于进退两难的境地：其一，为了无偿或低价为居民提供公共服务、满足人民群众日益增长的美好生活需求，基层政府不得不在生产环节中扩大规模、提升产量，由此带来的是财政支出水涨船高的现象；其二，公共财政预算为了避免出现财政赤字，留给政府的公共生产支出的增长空间极为有限。此外，公共服务生产需要考虑到动迁社区居民方方面面的需求，牵涉甚广，一旦政府在生产环节决策失误使得供给难以跟上需求，则难以寻觅有效渠道进行补救，就会导致吃力不讨好的结果。

---

① 陈世伟：《我国农村公共服务供给主体多元参与机制构建研究》，《求是》2010 年第 1 期。
② 姜晓萍：《中国公共服务体制改革 30 年》，《中国行政管理》2008 年第 12 期。
③ 何艳玲、郑文强.：《"留在我的城市"——公共服务体验对城市归属感的影响》，《同济大学学报（社会科学版）》2016 年第 2 期。

基层政府的公共服务供给没有形成行之有效的制度保障，在服务推广方面也缺乏有效的宣传机制，使得公共服务难以深入民心，政府的整体谋划、全局推进的能力还有较大提升空间。实践中社区工作人员存在"动迁社区需要什么，我们就提供什么"的补丁式公共服务供给方式，缺乏全盘性和长远规划的供给制度。对于自身以及其他社区的良好做法停留在开会学习阶段，没有实地考察、现场取经等体验式的推广方式。当前采用较多、效果较好的复合式公共服务供给方式大多是在基层政府主导下，合理运用竞合机制进行适当调控，精准划分各个参与主体的职能分工，打破公共部门、市场和社会力量的合作壁垒，适应现实生活中公共服务的混合性和复杂性，从而有效平衡公共服务供给的公益与效率目标。但是此种复合式供给方式依然存在政府威权的有限性问题，导致其他主体的参与度和积极性受限，影响具体公共服务效果。

3. 公共服务供给主体结构有待优化

当前，以行政主导的公共服务共建容易产生"一刀切"和片面追求行业自身发展利益的情况。其背后基于自上而下的行政动员逻辑，使得基层权力往往对城市的丰富性和多样性视而不见，从某种意义上忽略了城市发展的活力与城市内在特色的延续。传统公共服务供给主体主要是指市政机关，居民对于各项公共服务的接受度也更多取决于项目是否为政府推广工程，这使得其他供给主体发展态势不佳，往往只是配合政府工作，居于从属地位。改革开放以来，民营化改革使得政府的角色发生了转变，成为公共服务的购买方，而不再是生产者。此后志愿性质的非营利机构也逐渐兴起，进一步扩充了公共服务供给主体范围。政府主导或者协调下的公共服务多方合作也将更多市场、第三部门的主体拉入供给方队列，加上作为最终的公共服务接受者的居民，形成了联动化的公共服务主体结构。

然而我们在动迁社区的服务供给过程中，通常只能看到基层政府的身影，供给主体结构仍旧停留在数十年前的水平，这样落后的供给结构一方面限制了其他专业化主体参与公共服务的渠道，使得社区服务供给的水平处于较低层次。另将供给的决策权垄断在基层政府手中，难以集思广益，规避决策偏差。此外又把供给的对象社区居民置于接受方的位置，使得供给方在提供服务时无法切身体会居民的需求强度，判断服务的供给精准度。

居民作为公共服务的接受方，在智慧化供给的过程中与其在供给后搜集其意见反馈，不如在供给前即让居民参与到供给决策中来，作为催化剂结合居民需求，调整供给方向，提升服务效果，改善居民的满意度。在国内外具体案例中不难发现，居民参与程度和智慧化公共服务供给的效果基本上呈现出正相关关系，印证了居民参与是重要影响因素。政府与居民建立互动互通的良好关系，能够让居民无所顾忌、畅所欲言，给出真实迫切的意志表达，从而纠正智慧公共服务需求认定的独断性、标准制定的偏离性。然而，普遍来看，无论何种类型的智慧公共服务，其需求表达机制均存在缺失，导致供给与需求相对失衡，投入与产出效率较低，[1] 智慧公共服务供给效果不佳。其次，较高的居民参与度能够使智慧公共服务供给对智慧公共服务感知绩效的影响得到强化，也就是居民参与能够提高智慧公共服务与居民需求的契合度。要提升居民对基层政府的满意度，还必须加强居民参

---

① 郁建兴：《中国的公共服务体系：发展历程、社会政策与体制机制》，《学术月刊》2011 年第 3 期。

与，减少基层政府被恶意舆论捆绑的可能性。

（四）城市治理数字化转型不够全面

数据治理的优势在于利用了多个不同的数据来源，例如来自不同社交媒体平台的数据。"监管机构可以利用来自公共服务用户通过社交媒体主动公开的反馈，比如推特（Twitter）上的病人反馈，监控这样的主动反馈能够获得重要信息。因为这些反馈是实时的，反映了在许多方面的服务'经验'和服务'产业链'，并且绕过了服务提供商自己的管理流程，因此相对客观和准确。"[1] 有学者通过对 2020 年上海市智慧城市发展水平评估结果的全面分析后发现，上海的公共服务更趋"智能化、均衡化、优质化"[2]。然而，当前的公共服务还不够精细。"城镇化的推进带来社会结构、社会心理、公共需求、社会风险等方面的深刻快速变化，以'公共服务精细化治理'为路径的回应方式，不仅是精细化管理的本质要求，更是公共服务治理追求的目标所在。"[3] 数字化时代，公共服务精细化治理的"缺席"具体表现为以下三个方面：

1. 智慧化红利难以触及公共服务供给深层

由于数字化时代的公共服务供给仍处于早期阶段，因此在实施过

① ［英］凯伦·杨、［英］马丁·洛奇编，林少伟、唐林垚译：《驯服算法：数字歧视与算法规制》，上海人民出版社 2020 年版，第 206—207 页。
② 邵祺、刘岩、辛竹：《2020 上海市智慧城市发展水平评估分析》，《上海信息化》2021 年第 1 期。
③ 王正攀：《公共服务实现精细化治理的路径》，《中国社会科学报》2017 年 4 月 26 日。

程中难免出现发展不均衡、形式化等问题，使得居民的服务体验感和内心预期出现较大落差。孙芊芊指出，城市公共服务存在着区域发展难以齐头并进、城乡一体化停留纸面等多种问题，导致社会资源配置向智能化更高的地方倾斜，从而极易形成恶性循环。[①] 唐斯斯等指出某些地区建立了智能化便捷政务途径，但是因为机制、技术等因素跟不上政策，导致所谓"智能"反而成为一种倒退。比如某些医院已经开通线上挂号，但是门诊现场依然要按照先来后到的顺序排队就诊。[②] 非均等、浅层次的智能化从某种意义上来说无法对提升公共服务供给水平给予实质性帮助，反而会造成居民不满意度的提升。

长三角地区尤其是上海作为我国首例区域性"一网通办"服务试点，在实践过程中存在的主要问题就是异地行政审批业务未全面统一标准。"一网通办"和"一网统管"两张网建设虽然是上海市政府信息化的工作重点，部分业务办理虽有统一标准，但并未全面推广，"各个区域落实的状况并不一致，不少地区仍然坚持传统的业务办理程序，此类情况阻碍着'一网通办'服务全面落实"[③]。

2. 数据技术依赖导致供给模式趋同化与低效化

利用大数据增强政府公共服务供给能力，已经成为我国各个城市的战略共识。对经济、社会、生态、文化、政治、城市服务等公共活动的各种需求进行分析判断、科学决策，有助于构建智慧感知、智慧

① 李超民：《智慧社会建设：中国愿景、基本架构与路径选择》，《宁夏社会科学》2019年第2期。
② 唐斯斯、张延强、单志广等：《我国新型智慧城市发展现状、形势与政策建议》，《电子政务》2020年第4期。
③ 杨梅：《长三角政务服务"一网通办"实践与反思》，《上海信息化》2021年第5期。

评价、智慧决策、智慧管理服务和智慧传播的政府管理新流程。然而，国内智慧城市建设一度出现"千城一面"的尴尬局面。应当重视的是，公共服务智慧化建设要以城市特色为重要参考要素。韩志明提出，城市的未来离不开高精尖信息技术的广泛应用，但是技术不是万能的，必须结合特定城市的特定问题去深入思考，才能挖掘出改良公共服务的最佳方案。[①] 公共服务的对象是人，而人是具有独特性的存在，没有结合人的需求是目前供给效果欠佳的重要原因之一。

当前，"城市大脑"等技术治理在对公共安全治理形成巨大拉动效应的同时，也暴露出城市空间的使用限制、"数据鸿沟"影响民众参与治理及理论研究陷入"技术决定论"等问题。任何一个数据要产生作用，都需要特定的适用条件，更要考虑数据形成背后的复杂动因。过度热衷于数据本身而脱离现实思考，很可能在观念上形成一种"数据崇拜"。随着视频监控等物联网感知技术的发展，城市披上"数字皮肤"，公共安全治理的黑科技层出不穷。但单纯的数据技术依赖并不能缓解城市空间区隔和分化，反而以"数字鸿沟"、人被技术物化异化等形式加剧了城市的空间分化，大量的"社区大脑""神经元"系统在某种意义上只是精细化的形式场景而非真正的治理效果。

过分倚重技术还会造成公共服务供给的低效化。为解决老人打车难的问题，2021年3月，上海将"为老服务一键通"纳入数字化转型所要打造的11个标杆应用中，其中就包括在社区门口实现"一键叫车"。这一服务首先在曹杨新村街道、北外滩街道和徐家汇街道等

---

① 韩志明：《技术治理的四重幻象——城市治理中的信息技术及其反思》，《探索与争鸣》2019年第6期。

社区开始投入使用。然而在实际操作过程中，使用手机号叫车、输入验证码等步骤对不少老人来说是个难题，从一定程度上使得"一键叫车"被烦琐的程序束缚，公共服务供给也更加低效，老年人的用户体验也产生相应的偏差。

3. 公共服务供给的公平性问题

基于数据和算法推断出的结果可能会使得一些人在享受公共服务时处于不平等的劣势。"2016年，美国白宫专门发布《大数据报告：算法系统、机会和公民权利》，重点考察了在信贷、就业、教育和行使司法领域存在的算法歧视问题。"① 例如，在导航系统最快的路线选择中，系统设计者只考虑到关于道路的信息，而不包含公共交通时刻表或自行车路线，从而使没有车辆的人处于不利状况。

上海在智慧城市建设方面已经走在世界前列，不仅获得"世界智慧城市大奖"，而且上海市的"一网通办"智慧政务还被作为经典案例收录于《2020联合国电子政务调查报告》当中，许多成功经验也为各大城市所效仿。然而，以上海市智慧社区建设的标准来看，大部分动迁社区发展仍然差距明显。

通过分析《上海智慧城市发展水平报告（2018）》（以下简称《报告》），大体能够看出目前上海市智慧城市建设水平增长迅速，各区进步明显，呈现两种明显特征：

一方面，动迁社区智慧建设整体落后的现象较为明显。《报告》在评估分析中将上海16个区分为中心城区与郊区两类区域。显而易见的是，徐汇、静安等中心城区在网络就绪度、智慧应用、发展环

---

① 张莉主编：《数据治理与数据安全》，人民邮电出版社2019年版，第98页。

境、网络安全状况等方面相对于金山、青浦等边缘城区仍然存在较大
领先优势。相对应地，智慧社区建设方面位于中心城区的社区更优于
位于郊区的社区，由于动迁社区大部分都位于郊区，所以动迁社区的
公共服务智慧化进程大体上还处于落后状态。

上海市各区 2018 年智慧城市发展水平指数表

序号	区	智慧城市发展水平指数	评估指标指数			
			网络就绪度指数	智慧应用指数	发展环境指数	网络安全状况系数
1	徐汇	116.05	114.74	127.86	105.14	98%
2	静安	112.26	120.42	120.41	100.89	98%
3	长宁	111.89	122.43	121.25	96.89	98%
4	普陀	111.55	123.90	121.24	106.72	95%
5	黄浦	111.45	122.51	117.15	102.16	98%
6	杨浦	111.44	121.02	122.91	93.53	98%
7	宝山	110.31	118.43	120.46	95.49	98%
8	浦东	109.76	120.44	119.47	105.72	95%
9	嘉定	106.90	117.78	108.17	104.79	98%
10	虹口	106.12	120.57	106.19	103.59	98%
11	闵行	105.72	117.02	107.47	102.46	98%
12	松江	101.68	112.87	107.47	91.47	98%
13	奉贤	95.45	114.58	93.47	92.50	98%
14	金山	93.79	116.44	92.09	87.91	98%
15	青浦	90.13	109.82	88.90	85.18	98%
16	崇明	87.51	110.17	81.36	88.59	98%

资料来源：《上海智慧城市发展水平报告（2018）》。

另一方面，随着上海市五大新城的建设和发展，郊区城市副中心的崛起一定程度上也缩小了动迁社区与中心城区智慧社区公共服务供给的巨大落差。参考《报告》数据可以发现，生活服务指数高于上海市平均生活服务指数的区有长宁、静安、黄浦、嘉定、杨浦、普陀、虹口、浦东、徐汇。其中，智慧社区（村庄）建设水平排名前三的区分别是宝山、奉贤和普陀；公交电子站牌覆盖率排名前三的区分别是黄浦、静安和长宁；公共停车场（库）系统联网率排名前三的区分别为奉贤、虹口和普陀；所有区均实现上海健康信息网100%联网；义务教育阶段学校信息化环境建设水平排名前三的区分别为普陀、杨浦和嘉定；中心图书馆"一卡通"读者证普及率排名前三的区分别是嘉定、长宁和虹口；所有区均实现文化上海云公共文化设施100%上线率；市民云公共服务接入应用水平排名前三的区分别是虹口、奉贤和静安。由此可见，中心城区在智慧社区建设上依旧成效显著，但是动迁社区得益于五大新城建设，在某些方面的智慧公共服务供给水平与中心城区的智慧社区之间的差距正在缩小。

总体而言，大部分的动迁小区归属的基层政府能够以满足居民衣食住行的需求为基准，尽力为小区居民提供高质量服务。然而在这种小范围内可动用人力、物力、财力有限的情况下所提供的公共服务通常还是处于中下水平的，远不能和动迁群体原本居住的繁华地段相比。并且由于动迁小区多数建成时间晚，缺乏发展所需的刺激性政策，技术支撑能力弱。虽然在相关政策的带动下，部分区域有了不同程度的发展，但是动迁社区在智慧城市建设过程中仍旧无法紧紧跟上智慧公共服务供给的进程，公共服务以传统式为主，供给水平和效率仍然较低。

2020 年发布的《上海市智慧城市发展水平评估报告》显示，2020 年，上海市智慧城市发展水平指数为 109.77，较 2019 年提高 3.91，七年以来保持持续增长。综合来看，浦东新区、徐汇区、黄浦区依次为 2020 年智慧城市发展水平指数的前三名，郊区中排名前三的为宝山区、嘉定区、闵行区。从一级指标的发展水平来看，新型基础设施指数排名前三的为虹口区、黄浦区和普陀区；智慧应用指数排名前三的为徐汇区、浦东新区和黄浦区；发展环境指数排名前三的为浦东新区、徐汇区和普陀区。综合各项指标排名，金山区、青浦区进步最快。2020 年的数据也表明，上海的数字化公共服务在区域方面仍然存在发展不平衡的问题。

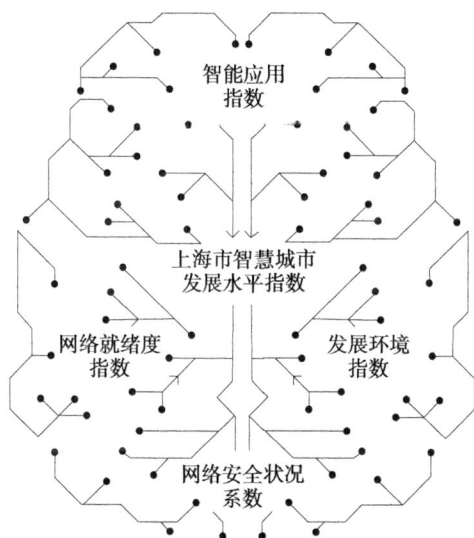

2020 年上海市智慧城市发展水平指数与评估指标体系

上海市智慧城市发展水平评估指标体系

一级指标	二级指标	序号	三 级 指 标
网络就绪度指数	基础能力	1	5G 建设应用
		2	因定宽带用户感知速平
		3	移动海信网络用户感加度
	应用感知	4	物联感知建设应用
智慧应用指数	生活服务	5	智慧社区（村庄）建设水平
		6	公交电子站牌覆盖率
		7	公共停车场（库）系统联网率
		8	医疗数据互联度
		9	医疗服务数字化水平
		10	智慧学校发展水平
		11	文化上海云公共文化设施上线率
		12	随申办市民云区平台应用水平
	数字经济	13	智慧园区（商圈）建设水平
		14	工业互联网创新发展情况
		15	大数据产业发展情况
		16	人工智应用场景培育度
		17	单位地区生产总值发明专利申请量（授权量）
	绿色发展	18	软件产业发展情况
		19	公共设施监测水平
		20	电子警察监控点覆盖率
	政务服务	21	城市网格化综合管理水平
		22	能耗比量覆盖牢
		23	环境质量监测水平
		24	气象自动监测站疆盖率
		25	"一网通办"服务能力
		26	公共信息资通社会开放水平
		27	政务数据资源共享水平
		28	政务云平台应用水平
		29	政府网站与政务新媒体服务水平

续表

一级指标	二级指标	序号	三　级　指　标
发展环境指数	机制保障	30	制度规划
		31	支撑保障
	创新应用	32	信息基础设施能级
		33	生活服务
		34	数字经济
		35	城市治理
		36	绿色发展
		37	政务服务
	试点示范	38	工作试点
		39	项目培育
		40	宣传体验

第 五 章

进一步推进上海数字化公共服务
共享的路径分析

　　以习近平同志为核心的党中央高度重视数字化发展，明确提出数字中国战略，为未来发展指明了方向。随着数字化技术的发展，在人民城市的建设中推进城市数字化转型，成为面向未来塑造城市核心竞争力以及推动社会治理现代化的关键之举。

　　为深入贯彻习近平总书记关于网络强国、数字中国、智慧社会的重要思想，践行"人民城市人民建，人民城市为人民"重要理念，巩固提升城市能级和核心竞争力，构筑上海未来新的战略优势，2020年以来，上海先后颁发《关于进一步加快智慧城市建设的若干意见》《关于全面推进上海城市数字化转型的意见》以及《关于厚植城市精神　彰显城市品格　全面提升上海城市软实力的意见》等文件，为上海实现数字化转型、提升上海城市软实力提供了理念、制度和实践的遵循。推进数字化公共服务共享是上海实现数字化转型和提升城市软实力的重要组成部分，也是一项复杂的系统工程。党的二十大报告指出："坚持人民城市人民建、人民城市为人民，提高城市规划、建设、治理水平，加快转变超大特大城市发展方式，实施城市更新行动，加强城市基础设施建设，打造宜居、韧性、智慧城市。"[①] 面对新发展阶段城市数字化公共服务面临的新形势，上海应乘势而上，以数字技术基础设施建设、数字化公共服务体系、数字政府、数据要素、数字化老年公共服务、数字思维、数字化公共服务绩效评价指标体系为抓手，加快建设属于人民、服务人民、成就人民的美好城市，展现社会主义现代化国际大都市的上海形象，奋力谱写新时代"城市，让生活更美好"的新篇章。

一、新发展阶段上海城市数字化公共服务共享面临的新形势

当今世界，和平与发展仍然是时代主题，百年未有之大变局正在向纵深发展，新冠肺炎疫情全球大流行使这个大变局加速演变，经济全球化遭遇逆流，世界进入动荡变革期。上海作为我国改革开放的前沿窗口和对外依存度较高的国际大都市，既首当其冲受到外部环境深刻变化带来的重大挑战，也面临着全球治理体系和经贸规则变动，特别是我国引领推动经济全球化健康发展带来的新机遇。当今中国，正处在中华民族伟大复兴的关键时期，经济稳中向好、长期向好的趋势没有改变，继续发展具有多方面优势和条件，但发展不平衡、不充分问题仍然突出。特别是在构建新发展格局中，全国各地千帆竞发、百舸争流，上海面临

---

① 习近平：《高举中国特色社会主义伟大旗帜　为全面建设社会主义现代化国家而团结奋斗——在中国共产党第二十次全国代表大会上的报告》，人民出版社 2022 年版，第 32 页。

着国家赋予更大使命、开展先行先试的新机遇。当前上海进入了高质量发展的新阶段，但对标中央要求、人民期盼，对照国际最高标准、最好水平，上海城市综合实力还有较大提升空间，国际影响力、竞争力和全球要素资源配置能力还不够强，创新驱动发展动能势能亟待加强。在推进数字化公共服务共享方面，上海面临着诸多新形势，主要体现在：

（一）数字化将不断催生科技创新新范式

数字化牵引的组合式科技创新加速突破，数字技术的快速发展和广泛渗透，为前沿技术、颠覆性技术突破提供了更加丰富的工具和手段。数字技术与其他技术领域的融合创新，将驱动科技进步和经济社会发展。上海在数字化技术公共服务方面位居全国前列，而保持这样引领示范的先驱态势，是对上海新的挑战。

（二）数字化将快速孕育经济发展新动能

数据要素对价值创造的乘数效应全面激发，产业数字化和数字产业化"双轮驱动"，对传统经济体系进行全方位、全角度、全链条改造重构，并不断催生新产业、新业态、新模式。各国纷纷将数字经济作为提振经济的关键抓手，全球数字经济领域的竞争和博弈更趋激烈。数字经济的发展与数字化公共服务息息相关，而随着上海率先进入老年社会，"银发经济"的崛起将给上海数字化经济带来巨大发展机遇，但上海老年群体中存在的数字鸿沟问题也给数字经济提供了诸多完善、弥合的空间。

（三）数字化将营造民生服务新体验

数字技术打破了时空界限，带来了生活领域的革命性变革，以在线化、协同化、无接触为特点的应用场景不断迭代。运用大数据深度挖掘和智能分析，多元化的服务需求将得以精准发现、精准配置和精准触达，分布式、个性化、共享型的数字服务模式渐成主流。上海的数字化公共服务已经覆盖到居民生活的方方面面，由于数字化公共服务主体日益呈现多元与交融的态势，因而在民生服务中牢固树立和强化"以人民为中心"的思想，摒除资本至上理念，使人民群众在数字化公共服务体验中有更多的获得感、幸福感与安全感，对于上海推进数字化公共服务共享显得更为重要。

（四）数字化将带动社会治理新模式

数字时代个人依托社交媒体、网络平台等信息渠道，探讨公共事务、参与社会治理的自觉性、自主性显著提高，互联网成为创新社会治理、激发共治共享的平台，政府、企业、社会组织和个人协同共治模式更加重要。习近平总书记提出的"共建共治共享"的思想告诉我们，共建是社会治理的基础，共治是社会治理的中心环节，共享是实现社会治理的目的，共享与共建、共治息息相关，互为一体。因此，不能单纯讲市民共享数字化公共服务的红利。上海的社会治理总体上以政府为主导，社会主体参与相对不足。上海也有这方面的传统，上海是最早开展人民建议征集工作的城市之一，新时代如何使

"全过程人民民主"理念更深入地融汇在数字化公共服务共享实践中，进一步凸显上海的优势和特色，激发市民的参与动能，将上海打造成人人都有人生出彩机会、人人都能有序参与治理、人人都能享有品质生活、人人都能切实感受温度、人人都能拥有归属认同的城市，显得十分紧迫。

（五）数字化将构建城市运行新形态

数字化重新定义了城市形态和能力，数字孪生城市从概念培育期加速走向建设实施期。随着物联感知、BIM 和 CIM（城市信息模型）建模、可视化呈现等技术加速应用，万物互联、虚实映射、实时交互的数字孪生城市将成为赋能城市实现精明增长、提升长期竞争力的核心抓手。对于上海这样一个信息化程度走在全国前列的城市来说，步入数字化时代，如何使城市各方面主体包括广大人民群众适应城市运行新形态，在共享数字化服务成果的同时，如何强化数字化素养，提升城市软实力，也是未来上海在推进数字化公共服务共享过程中需要考虑的问题。

二、人民城市建设中数字化公共服务共享实践应遵循的理念

（一）坚持以人民为中心

习近平总书记考察上海期间提出的"人民城市人民建，人民城市为人民"重要理念，揭示了中国特色社会主义城市的人民性，深

刻回答了建设什么样的城市、怎样建设城市的重大命题，充分体现了人民是历史创造者这一历史唯物主义的根本观点，充分彰显了中国共产党人民至上的政治立场，充分表明了走中国特色城市发展道路的坚定追求。"上海是一座具有红色基因、传承红色血脉的城市，是一座海纳百川、开放包容的城市，是一座具有鲜明社会主义性质、富有现代化气息的国际大都市，是一座奋进新时代、创造新奇迹的人民城市。"① 上海要建设智慧城市、推进城市数字化转型，需要遵循以人民为中心的原则。

中国特色社会主义的城市发展道路与西方资本主义国家的城市发展道路在本质、内涵等方面有着天壤之别，而中国的城市发展包括数字化公共服务也有着与西方资本主义国家的城市数字化公共服务相比较的制度优势。在数字化共享方面亦是如此。一个国家、一个城市实现数字化转型并不等于居民就能自然而然地享受到数字化技术发展的成果。以美国为例，美国是全球最早布局数字化转型的国家。美国商务部早在1998年就发布数字经济的专题报告，指出信息技术、互联网和电子商务的发展会产生新的数字经济形态。过去15年来，美国数字经济蓬勃发展，年均增速达到6%以上，是整体经济增速的3倍。2020年，新冠肺炎疫情进一步倒逼企业和传统产业加快数字化转型，远程办公、在线教育、远程医疗、无接触配送等新业态不断涌现，美国数字经济步入了新的加速发展阶段。但是这种数字化转型未能让全体美国民众受益。"美国不同地区、不同种族之间仍存在着巨大的数字鸿沟。数字鸿沟将造成受教育机会、就业机会和公共服务的不均

---

① 《中共上海市委关于深入贯彻落实"人民城市人民建，人民城市为人民"重要理念，谱写新时代人民城市新篇章的意见》，沪委发〔2020〕18号。

等，进一步加剧美国的收入和财富不平等，扩大种族贫富差距。"①
这对于中国的城市包括上海城市的数字化服务共享是一个极具参考意义的反面教材。因此，需要澄清类似的误区，即数字化转型自然而然会导向数字鸿沟的弥合。这需要我们保持高度的思想自觉和警觉，同时我们也应有充分的制度自信，在中国共产党领导下，我们完全有能力克服西方国家推进数字化转型并未真正让广大民众受益这一弊端，让城市数字化公共服务成果能为广大人民群众所享有。

需要明确，推进数字化公共服务，是提升国家治理体系与治理能力现代化的重要举措，是顺应全球信息化、数字化发展潮流的必然趋势。推进数字化公共服务的着眼点在于以人为本，让技术更好为人民服务，而不是数字化技术使用者为技术所支配和控制。企业在参与数字化公共服务过程中，需要摒弃数字崇拜与资本至上理念。要坚持民生价值导向，以公众需求为出发点，以满足人民美好生活需要为目标，推动城市的整体规划、功能设计、项目安排等；要重视民生服务，推进关系到人民切身利益、生命财产安全的项目建设，强调人民最需要解决什么、群众最盼什么，就谋划、推出什么，为人民提供更加便捷的生活、更加安全的环境。要坚持技术为人民服务的理念，让数字技术真正为人民所用、造福于人民，是人民城市人民建过程中公共服务数字化变革的核心。要体现人文关怀，考虑人民需求、公众感受，以实现人的全面发展和全体人民的共同富裕为目标，满足人民群众对美好社会的期待。

---

① 高攀：《美国数字化转型快　数字鸿沟加剧不公》，《经济参考报》2021 年 10 月 27 日。

（二）坚持共建共治共享

数字不应是冰冷的符号，而应该着力于推动人民城市的共建共治共享。科技服务人民，正在成为激活社会的"神经末梢"、激发社会机制、激活社会活力的有效手段。要建立高效的数字化沟通平台，动态适应公共服务边界的变化、内容与方式的调整，聚集多样化、差异化、个性化服务的应用场景需求，增强数字治理与人文建设之间的融合，将技术理性与人文关怀相结合，推动数字技术更多惠及人民群众，更多为特殊群体、困难群体服务，让社会弱势群体、新技术边缘人群也能够享受到数字红利，营造既有效率又有"温度"的共建共治共享社会治理新格局，推动城市治理体系和治理能力现代化。以数字化改革重塑公共服务体系，要以公众需求为出发点，瞄准人民群众的所忧所急所盼，做到民有所呼、我有所应。公共服务数字化改革需要从技术"面子"转向民生"里子"，能用有用管用才是关键。以公共服务数字化为牵引，率先高水平实现幼有所育、学有所教、劳有所得、病有所医、老有所养、住有所居、弱有所扶，切实解决民生问题，推动公共服务质效提升。

（三）尊崇技术的和合理念

"欲善其事，必利其器。"器，即工具。"备物致用，立成器以为天下利。"器，即器具，人类制成器具，以供天下人利用。器具、工具是指传导人的智能、体能以作用、改变对象物的一切器具的总和，并以达到满足人的需要为目的。人类从事各种不同的活动，便利用各种不同的工具、方法达到自己的目的；工具也以自己各种不同的形式，适应人类不同目的的需要。①工具是人的智能的自觉对象化的创造，这是人与动物的主要区别。工具的制造及其有效的利用、合理的匹配，需要有人类解决问题和冲突的"解智能"，及其技术外化。工具是"解智能"外化的技术产物。

日本学者山胁与平从 15 个方面论述了技术的特性：（1）社会性。技术是社会的创造，从根本上说，技术是社会性的。（2）经济性。技术在经济关系中才具有意义。（3）生产性。技术是人类劳动生产的要素。（4）物质性。（5）手段性。技术是人作用于自然的手段。（6）系统性。（7）阶级性。在阶级社会，技术反映阶级对立的各自阶级利益。（8）革命性。技术从目标上看，是以维持人类生命和提高人的生活水平为目的的，所以本质上是革命的。（9）保守性。技术可以延续、再生产、反复使用。（10）历史性。技术从传统技术中来，随人类历史发展而发展。（11）选择性。（12）规则性。（13）容许性。（14）动力性。（15）控制性。这 15 个特性与技术的自然和社会性相联系。②学界对于技术这一概念的内涵的解读还有不少观点。这也表明，随着技术的发展以及技术与社会、经济关系的密切，人们对技术关注度越来越高。同时，由于人类知行活动领域的不断延拓和智能水平的不断提高，技术的含义也在不断充实、演进。人类总是力图改进技术、发明技术，不断将社会生产力推向一个新的高度，力推人类生活变得更美好。

---

① 张立文：《和合学——21 世纪文化战略的构想》，中国人民大学出版社 2006 年版，第 554—555 页。

② 张立文：《和合学——21 世纪文化战略的构想》，中国人民大学出版社 2006 年版，第 559—560 页。

当今，人类社会走过初期的信息化进入到信息技术发展的高级阶段，即以数字化技术得到普遍使用为特征的数字化时代。所谓数字化技术，是指运用"0"和"1"两个数字编码，通过计算机、光缆、通信卫星等设备来表达、传输和处理信息的技术。一般包括数字编码、数字压缩、数字传输、数字调制解调等技术。数字化技术的应用和传统的技术应用对于使用者来说存在一定差异，即数字化技术对使用者的受教育程度的要求更高，而且数字化技术使用过程与结果所呈现出来的也与传统技术的应用过程和结果存在差异，譬如人对智能手机的使用就和传统的工具使用大为不同，使用智能手机对手脑并用有更高的要求。手机输出后的信息呈现，如屏幕亮度和对比度、字体大小都可能对使用者产生影响。尤其是老年群体、残疾人群体等所受的影响可能更为明显，这就有可能影响到这些群体使用智能手机的获得感、舒适感。

2020年新冠肺炎疫情暴发加速了数字技术的推广运用。譬如，各地为了卫生防疫的需要，要求提供核酸检测报告结果、健康码等，许多公共服务也需要通过线上预约。在此情况下，使用智能手机显然是大势所趋。而某些群体由于不会或不熟悉使用智能手机，导致其正常生活受到影响，甚至无意中这些群体的正当权利被剥夺，也就使这些群体难以充分享受到数字技术所带来的红利。显然，在这样的情况下高扬技术的德性显得至关重要。

所谓技术的德性，按照学者张立文提出的"和合学"主张，就是工具要体现排忧解难的工具理性，"解难是工具和合在生存世界的主要功能和效用。"① 离开了这一功能，工具没有存在的价值，或者

---

① 张立文：《和合学——21世纪文化战略的构想》，中国人民大学出版社2006年版，第561页。

说工具是不健全的。张立文还认为："技术科学是运用一切工具、手段、方法，解除人与自然、社会、人际、心灵、文明间的冲突、困难，使人获得利益和需要的满足。和合技术科学是为了解决人与诸多方面的冲突，由融突而走向和合。"① 工具理性是人类与自然生物的本质区别，是文化实践的内在推动力量。工具理性的发展史，就是人类科学技术进步的发展史，就是人类生存和发展自强不息的历史，就是人类文化合理化成自然生态的文明历史，也就是人类知行自觉解决人与自然生态冲突以及生存和发展困境的历史。

工具具有内在的和合"规范"。学者张立文将其分为三个层次：技术的科学规范、技术的行为规范、技术的社会规范。工具德性的工具和合外化，顺着两个方向同步进行：一是沿正义裁断方向工具外化，形成政治约法、法律制度及其运行设施的硬件系统，对人与人、人与集团、社会交往活动以及技术活动、技术关系进行刚性监控，这就是"为技术工具立法，以技术法律的形式限制、引导技术活动和关系始终坚持为人类谋幸福的价值尺度和意义标准，摒弃一切有违者"。② 二是沿仁爱怀柔方向工具化，形成道德规范、文艺形式及其活动的软件系统。对人与人、人与集团、社会交往活动及技术活动、技术关系进行柔性调适。这两个方向外化而成工具系统，是社会规章制度技术的两轮，二者耦合才能成为中庸之道。缺少任何一项构件，社会系统便不能正常运行，人与人、人与集团、社会关系便难以和谐协调。

---

① 张立文：《和合学——21 世纪文化战略的构想》，中国人民大学出版社 2006 年版，第 562 页。

② 张立文：《和合学——21 世纪文化战略的构想》，中国人民大学出版社 2006 年版，第 578 页。

进入数字化时代，对于数字技术的习得和使用的要求更为复杂、更具综合性。譬如老年人、残疾人在使用智能手机时，对于文字的输入、手机屏幕的大小、亮度的对比度等方面都有不同的要求，如果不当使用、不会使用将严重影响到这些群体的获得感和幸福感。这就需要我们思考，无论技术发展到何种先进程度，仍然需要强调和合技术，即指"人类主体根据自己目标，利用和开发智能、经验、工具等一切手段和方法，使人类与自然、社会、人际、心灵、文化之间的冲突，获得和合"。[①] 应该认识到：信息技术是为人类服务的，如果人类不能自如运用技术，那说明这种技术是无用的，对人类没有什么用处，也就没有存在的价值。

（四）倡导包容性理念

包容性概念与包容性发展及其对社会不平等的认识有关。亚洲开发银行于 2007 年提出了"包容性增长"（Inclusive Growth）这一概念，"有效的包容性增长战略需集中于能创造出生产性就业岗位的高增长、能确保机遇平等的社会包容性以及能减少风险，并能给最弱势群体带来缓冲的社会安全网。"最终目的是使经济发展成果最大限度地让普通民众受益。包容性增长即为倡导机会平等的增长。[②] 人类进入信息化、数字化时代，由于经济、教育、生理等各方面的因素，

---

① 张立文：《和合学——21 世纪文化战略的构想》，中国人民大学出版社 2006 年版，第 557 页。

② Ali，Ifzal；Zhuang，Juzhong.2007.Inclusive Growth toward a Prosperous Asia：Policy Implications.Asian Development Bank. http://hdl.handle.net/11540/1858；Ali，Ifzal；Son，Hyun H. 2007.Defining and Measuring Inclusive Growth：Application to the Philippines.Asian Development Bank. http://hdl.handle.net/11540/1857.

信息数字技术也带来了不平等，这就是一般所说的数字鸿沟。弥合数字鸿沟的最终目的不是进入一个具有统一标准的、最易管理的、更具商业化的数字经济社会，而是为了个人发展有更多的选择性，使广大人民群众能平等参与经济、社会及政治发展过程，共享其发展成果。在此背景下，坚持社会包容性原则显得极为重要。

所谓"社会包容性包括技术上的包容性和社会心理的包容性"①。技术包容性至少包括如下三个方面：

第一，基础设施建设及其主流信息技术应用包容所有人。这一技术包容性起源于电信普遍服务的基本概念。电信普遍服务是指对任何国民都要提供无地域、质量、价格等方面的差别且能够负担得起的基本电信业务。20世纪80年代末，国际经济合作与发展组织（OECD）把电信普遍服务定义为"任何人在任何地点都以承担得起的价格享受电信业务，而且业务质量和资费标准一视同仁"。国际电信联盟（ITU）为实施普遍服务提出三条标准：一是可获得性，全部用户；二是可接入性，对不同地点、民族、阶层的用户一视同仁；三是可承担性，绝大多数用户用得起。② 2019年，联合国教科文组织发布了《互联网普遍性指标——互联网发展评估框架》，提出了互联网普遍性概念。其中"人人可及"（accessibility to all）为互联网普遍性概念的核心。超越电信普遍服务的概念，它不仅指单纯的连通性问题，还包括可负担性、内容和能力等问题，如普遍接入及相关问题的法律和

① 卜卫、任娟：《超越"数字鸿沟"：发展具有社会包容性的数字素养教育》，《新闻与写作》2020年第10期。

② 吴洪、张晓铁：《电信普遍服务研究》，人民邮电出版社2004年版，第1页。

监管框架、技术和地理连接、网络和服务是否平价、平等使用互联网、内容和语言以及使用互联网的能力和技能等。其还指出，我们不可能孤立地解决数字鸿沟问题，要与解决社会内部其他结构性不平等问题并举，这些结构性不平等问题受一系列因素影响，如性别、年龄、教育、文化程度、语言和残疾等。如不进行这样的干预，互联网的优点可能会更多地惠及那些具有经济和教育优势的人，从而加剧而非缓和不平衡的现状。

第二，采用替代技术包容对信息通讯技术有特殊需求的人群。第一种技术包容实际上是试图包容所有人，包括脆弱群体、信息中下层在基础设施普及的基础上能够使用主流信息技术。第二种包容的人群则是不能使用主流信息技术的人群，典型的如残障人群或因生理原因处境不利的老年人及其他人群。采用替代技术使老年群体、残障人士有更多的生活或创业的选择和自由。由此产生的、必须明确的认知是：信息无障碍是权利及赋权的过程，不是恩惠或慈善。

第三，采用主流信息技术之外的传统传播技术包容所有人。在一个社会中，总有一部分人群由于生理原因或心理原因不使用主流信息技术，而一直采用传统的传播技术。疫情期间我们都难以忘记那些不能使用健康码的老人们，他们因为新技术普及变得寸步难行，被排斥在公共场所之外。我们也会记得不会通过互联网买票的农民工，他们需要青年志愿者帮助才可获得回家的车票。没有这个技术的时候，他们是独立的有行为能力的人；有了这个技术，突然变得"失能"了。第三种技术的包容性是指：我们为一部分人要留下一个过渡期，从传统的传播技术过渡到主流信息技术；我们也要为一部分人留出特别通道（如在健康码通道留出一个填表通道等），保障他们可以使用传统的传播技术且仍然可以过上体面、有尊严的生活。2022 年 1 月 6 日，国家发改委、交通运输部、公安部等 14 部门发布《关于全力做好 2022 年春运工作的意见》。《意见》要求，落实健康码全国"一码通行"，鼓励各地区推广刷身份证自动核验健康码服务，就是一个体现包容性的政策。

除了技术包容，社会包容还包括心理包容。心理包容首先要包容使用传统传播技术或替代技术的人群。长期以来，跨越数字鸿沟隐含着新技术"先进"、传统技术"落后"的社会价值观。使用传统传播技术的人群被认为是跟不上时代潮流的、将要被淘汰的人群；使用先进技术的人群似乎更适合数字经济因而被看作是有价值、有未来的人群。通常主流社会阶层的人群会更便利地掌握新技术，信息中下阶层或不能使用新技术的人群更可能是社会中权力最少、资源最少的边缘群体或因生理等原因处境不利的人群。这种技术歧视常常伴随着对某些社会人群的歧视，或两种歧视并存。

在推进数字化公共服务共享过程中，应在全社会倡导包容性原则，使之融汇在政府治理特别是疫情防控、社会治理、电信企业智能产品的技术设计、家庭反哺等行动中，使城市更具亲和力。

三、加快完善城市 AIoT 基础设施，为数字化公共服务共享提供坚实的物质前提

有学者通过研究上海近代经济发展史得出结论，认为"近代上海经济发展中交通运输、电讯通信、能源电力、市政交通等的发展与

城市经济发展基本同步，这些外部条件的创造曾为上海城市经济的发展提供了良好的环境"①。也就是说，一个地区的经济发展，得益于外部条件的创造包括基础设施建设。这是上海近代经济发展历程为今天提供的某一角度的历史启示。改革开放后，特别是近十多年来，上海的信息化、数字化走在全国前列，一个重要的原因同样是重视信息网络设施建设，持续发展新型信息基础设施，不断加快传统基础设施改造升级，持续发展以物联专网、大数据、人工智能等为代表的新型基础设施，丰富和完善现代化信息基础设施体系，从而使上海在全国城市的数字经济、数字化公共服务、数字治理绩效等方面位居前列，形成了自身优势与竞争力。

面对未来，上海要全面提升引领全国、辐射亚太、影响全球的城市软实力，打造向世界展示中国理念、中国精神、中国道路的城市样板，建设具有世界影响力的社会主义现代化国际大都市，实现数字化基础设施国际一流，提升数字化公共服务共享的水平，使数字生活成为新风尚，构建充满活力的数字生活服务生态，形成人人享有更具品质、更加美好的数字生活新范式，就需要打好信息化数字化的物质基础，加快建设数字基础设施。

2020年，世界以更快的速度迎来了数字化转型，重新塑造了技术在我们工作、学习和生活方式中的关键作用。戴尔全球首席技术官约翰·罗斯在世界经济论坛官网发文称，世界各地的许多农村和低收入社区，包括大城市地区的社区，缺乏可靠的、负担得起的互联网接入；随着更多依赖互联网连接的设备和系统出现，这些人将进一步失

---

① 张仲礼主编：《近代上海城市研究（1840—1949》），上海人民出版社 2006 年版，第 73 页。

去享受技术带来的好处的机会。而另一方面，由电信、云和 IT 行业共同建设的开放、现代的 5G 基础设施可以帮助缩小这一数字鸿沟。根据美国联邦通信委员会的调查数据，97%的美国人在城市地区可以获得高速、稳定的连接服务。在农村地区，这一数字则下降到 65%—60%。总体而言，近 3000 万美国人无法充分受益于数字时代。2021 年 2 月 18 日，世界经济论坛官网发文再次强调了 5G 技术的重要性。文章称，数字化必须在经济的所有领域进行推广。在后疫情时代，应当将 5G 视为国民经济的关键基础设施，要创建 5G 及其数字生态系统，以刺激经济复苏。①

2021 年 10 月，上海市政府办公厅印发的《上海市全面推进城市数字化转型"十四五"规划》明确提出：集成发展新一代感知、网络、算力等数字基础设施，研究建设城市资源标识解析系统，提供城市资源全面 AIoT（人工智能+物联网）化的统一规范，加快实现城市"物联、数联、智联"，具体包括：

（一）部署全域智能感知终端

按照"统筹规划、统一标准、共建共享"的原则，构建完善"城市神经元系统"，围绕生活、产业、城市需求，推动视频图像、监测传感、控制执行等智能终端的科学部署，实现地上、地下、空中、水域立体覆盖。研究编制城市资源的标识体系、编码目录、解析规则，规范城市资源的数字标识，保障数字城市与物理城市的实时镜

---

① 参见《疫情之下 5G 等成填补数字鸿沟关键技术》，《科技日报》2021 年 2 月 25 日。

像、精准映射。以城市时空底图为基础，全域接入各类智能终端，支持实现物理城市与数字城市的精准交互。

（二）建设立体高速信息网络

以 5G、千兆光纤、卫星互联网等建设为基础，加快构建天地一体化覆盖的数字城市信息网络体系，持续提升"双千兆"网络能力。全面推进 5G 网络深度覆盖，增强用户感知水平。持续提升千兆光纤网络服务能级，加快实现万兆到楼、千兆到户的光网全市覆盖格局。加快卫星互联网地面设施建设。

（三）打造高端低碳算力集群

建设超大型数据中心、大中型数据中心和边缘数据中心组合的高性能协同计算生态。推动数据中心存算一体集约化布局，加快打造全国一体化大数据中心体系的上海枢纽节点。实施计算增效计划，构建高性能计算体系，构建人工智能加速器体系，推动建设内容、网络、存储、计算四位一体的边缘计算资源池。打造全球数据中心，为国际数据流通提供公共服务。

（四）推动传统设施智化提升

面向城市更新需求，推动传统基础设施数字化转型，优化新能源终端布局，持续推动物联网智能化改造；打造面向自动驾驶的智慧道路，试点智慧车列，建设国内领先的车路协同体系；持续完善智慧零售和末端配送设施，推动部署冷链仓储中心、快件仓储中心、转运中心、分拨中心等物流设施的智能化升级。

通过以上举措，为城市数字化供给提供坚实的物质基础，构筑起牢固的城市数字化转型"新底座"，有利于弥合数字鸿沟，使广大人民群众在共享数字化公共服务过程中有舒心的感知和幸福感。

四、完善"两网"及其融合，打造城市数字化公共服务治理格局

从习近平总书记提出的共享发展理论的内在逻辑看，共建是社会治理的基础，共治是社会治理的中心环节，共享是社会治理的目的。因此，要使人民群众真正共享改革发展的成果，共建与共治则是通往共享的必由之路。这一理论对于进入数字化时代上海城市公共服务共享实践同样适用。2019年11月，习近平总书记在上海考察时强调，要深入学习贯彻党的十九届四中全会精神，提高城市治理现代化水平。要抓一些"牛鼻子"工作，抓好"政务服务一网通办""城市运行一网统管"，坚持从群众需求和城市治理突出问题出发，把分散式信息系统整合起来，做到实战中管用、基层干部爱用、群众受用。习近平总书记对上海城市智慧治理的"两张网"建设提出了明确要求和期望，要求上海抓住人民最关心、最直接、最现实的利益问题，扭住突出民生难题，一件事情接着一件事情办，一年接着一年干，争取

早见成效，让人民群众有更多获得感、幸福感、安全感。① 多年来，上海立足超大城市发展实际，不断探索创新、披荆斩棘、筚路蓝缕，不断提高社会主义现代化国际大都市治理能力和治理水平，展示了政务信息化基础雄厚、政务服务"一网通办"和城市运行"一网统管"成效显著的治理特色，彰显了上海这座城市的开放、创新、包容等海派气质的历史文化特色。而今，上海"一网通办""一网通管"（简称为"两网"）已经成为治理数字化的城市名片。但是城市治理还存在着一定程度的粗放式管理，市民参与城市治理的深度和广度还有待加强。上海需要立足自身特色，服务全国，面向世界，追求卓越，打造具有世界影响力的国际数字之都、城市治理范式，使人民群众真正共享数字化公共服务成果。

（一）进一步完善"两网"及其融合

1. 持续推进"一网通办""一网统管"改革

从一网通办来看，为进一步推动企业群众更好办事，更快办事，上海研究推出了《上海市"好办"服务业务标准》。选取一批企业群众办件高频、办理情形较为复杂的事项，进行"个性指南＋智能申报"的"好办"优化。同时选取一批办件高频、情形相对简单的事项，进行"快办"服务优化，实现"3 分钟填报、零材料提交"，为企业和群众提供极简易用的办事体验。一是通过流程再造，数据赋能，强化 AI 能力运用，推动事项办理全流程体验优化，有效提高企业及群众办事满意度；二是通过智能导引实现精准告知，对政务服务

---

　　① 《深入学习贯彻党的十九届四中全会精神　提高社会主义现代化国际大都市治理能力和水平》，《人民日报》2019 年 11 月 4 日。

事项的情形、申请条件等进行梳理，通过制作递进式问卷等形式进行智能导引，实现一次告知、精准告知；三是通过智能校验实现条件预判，通过对用户画像等进行校验，判断申请人是否符合事项的申请条件；四是通过复用证照和数据库字段等方式优化填表模式，由申请人"填表"转变为"补表"，部分事项实现由"填表"转变为"审表"；五是通过数据共享实现材料免交，通过本市"数源工程"、电子证照库、数据核验、告知承诺、行政协助等形式实现本市政府部门核发材料免交；六是通过信息技术实现材料预审，根据业务部门收件受理规则，通过大数据、人工智能技术等对申请人提供的材料进行 AI 辅助预审，智能判断申请人提交申请材料的准确性；七是通过智能辅助实现全程帮办，综合运用百科词条、视频指导、智能问答等方式，为企业、群众办事提供帮助。对于技术手段无法解决的，转人工客服在线咨询和在线申报辅导；八是通过关联推荐实现服务拓展，对于选择线下办理方式的，通过获取用户常用地址或当前位置定位信息，依托电子政务地图查询推荐就近办事服务地址，实现"就近地址精准告知"；九是通过制度规范推进全程网办，健全完善政务服务事项全流程在线办理规范，确保线上线下同标办理。① 过去主要是解决"一网通办"中的"一网"问题，今后更大的改革是"通办"，如果前者是物理变化，后者则是化学变化。未来要在现有成果基础上，深化和拓展长三角乃至全国的"跨省通办"，让跨省市的居民享受更多同城服务。

从"一网统管"来看，"'一网统管'是推进城市治理现代化能

---

① 《以"数据赋能、AI 助力"，推动政务服务更"好办"更"快办"》，《上海发布》2022 年 1 月 6 日。

力和水平的主要抓手和'牛鼻子'工作，是建设数字城市、数字政府的标志性工程。推行城市运行'一网统管'，实现'一屏观天下，一网管全城'，不只是技术手段创新，更是管理模式创新、行政方式重塑、体制机制变革，在更大范围、更深层次推动城市治理的全方位变革，是城市治理体系和治理能力现代化方向和现实需要。"① 一是对"一网统管"实行流程再造，坚持系统治理、依法治理、综合治理和源头治理思路，综合运用法治化、社会化、智能化、标准化的手段，推行综合管理向全覆盖、全过程、全天候发展。二是聚焦城运中心平台建设，实现"观管防"同步，聚焦技术支撑体系建设，夯实"云""数""网""端""安"基础设施；聚焦重点领域和关键环节，培育智慧应用的良好生态。围绕"高效处置一件事"，着力开发应用场景。特别是应从群众需求和城市治理突出问题出发，创新应用场景体系。② 三是优化数据治理流程。从实际应用出发梳理数据归集需求，完善数据归集相关机制。规范数据采集，提升数据质量。完善数据共享机制，推动数据有序开发。③

---

① 董幼鸿等:《上海城市运行"一网统管"的创新和探索》，上海人民出版社 2021年版，第 42 页。

② 2021 年上海"便捷就医服务"数字化转型着眼于服务流程再造和改善患者体验，全面完成七大重点应用场景建设，实现全市公立医疗机构全覆盖，提升市民群众的改革获得感和就医体验度。"数字化转型赋能上海'便捷就医服务'"入选国家卫生健康委 2021年度"推进医改服务百姓健康"十大新举措。2022 年，上海还推出"便民医疗服务"数字化转型 2.0 版，继续推出包括门诊智能分诊、智能院内导航、智能识别通行等应用场景。同时，加快建设上海市数字医学创新中心（瑞金医院），优化未来医院顶层设计和建设路径；将数字健康城区试点范围扩大至静安、闵行、松江等区，深化智慧城区医疗服务一体化模式创新，以数字化转型持续推动超大型城市卫生健康治理体系和治理能力现代化。参见《加速建设未来医院和数字健康城区，更多应用场景将落地》，《文汇报》2022 年 1 月 7 日。

③ 董幼鸿等:《上海城市运行"一网统管"的创新和探索》，上海人民出版社 2021年版，第 99—100 页。

2. 推进两网融合

随着城市治理的数字化转型的战略的出台，"一网通办"和"一网统管"分而治之的模式不利于数据的融通、共享，也不利于城市治理效率的提升，需要对两网进行融合。"两网"融合发展是城市智慧治理的必然趋势。有学者分析了二者的基本属性，认为："两张网"建设的价值理念与行动逻辑相同、技术路径与路径依赖相通，"两张网"运行对干部队伍能力要求趋同。①

随着"一网通办"的建设和运行，各业务部门的大量数据经过统一的汇集、分配和共享，形成庞大的数据库和数据链，积累大量的"人""物""动""态"的数据，为"一网统管"的城市体征精准识别和精确研判工作提供有效支持，为城市智能感知、智慧研判和智能处置提供保障。同时，"一网统管"在具体场景解决中积累的数据和信息为大数据中心提供源源不断的动态数据资源，为"一网通办"运行提供充分的资源支撑和技术保障。"两张网"融合推进是城市治理体系和治理能力现代化的重要"牛鼻子"工作。在"十四五"期间的城市治理和公共服务中，应大胆探索城市政务服务和城市运行中的"应用场景"，坚持以需求为导向，以"管用、爱用和受用"为原则，借助"一网通办""高效办成一件事"的优势和"一网统管""高效处置一件事"的特质，系统和协同地考虑"两张网"建设和融合推进工作，更好发挥"两张网"的整体合力，共同推进城市智能服务和智慧治理的进程，实现智慧城市建设的目标。

---

① 董幼鸿等：《上海城市运行"一网统管"的创新和探索》，上海人民出版社 2021 年版，第 170—172 页。

（二）完善多元参与主体的数字治理机制

提升城市治理现代化水平，需要坚持和完善共建共治共享的治理制度，这种多元参与的共建格局是在坚持"党委领导"和"政府负责"的基础上形成的一种全民参与、共建共享的社会发展新态势。政府、社会、市民等各方力量应各司其职、发挥作用。

1. 坚持党委领导，转变政府职能

强调城市的多元治理并不排斥政府在社会治理中的主导地位，党委领导、政府负责、社会协同、多元参与、法治保障的社会治理格局在坚持党委领导、政府负责的同时，对政府的治理方式和权责提出了新的要求。建设人民城市，党委领导是基本原则，只有坚持党委领导，才能保证城市社会治理方向的正确性。在社会治理过程中，也需要党委在把握现实发展和时代需求的基础上，制定符合社会发展规律的战略方针，从人民群众的根本利益出发，建立科学化、规范化的机制。进入数据化时代，上海要建立智慧城市，实现城市数字化转型，这是一项前无古人的伟大事业，任务极为复杂、艰巨，社会治理也越来越呈现数据治理的趋势。在这种情况下，更需要加强党委对社会治理特别是对数据治理的领导。党委对数据治理的领导不是一句空话，党的领导干部只有成为数据治理的专家，才能让党委领导数据治理落到实处。作为关键少数的党的各级领导干部，需要提高数据治理能力，用数据决策，用数据说话和创新，善用数据管理，提升对数字的认知度、数字的敏感度和数字的安全度。市、区政府要转变职能，让政府从以往的全能政府角色中脱离出来，积极发展各

类社会组织，推动政府职能转变。通过社会组织等多元主体的参与，政府由管制型向服务型转变，走向政府主导下多元主体协同治理的模式。

2. 以数字技术科技为支撑进行网格化建设，调动市民参与城市治理积极性，实现共治共享

上海在调动市民参与城市治理的过程中进行了诸多实践，逐步形成了以上海市统管，各区、街道根据自身特点打造不同形式的线上线下综合参与治理的模式。如浦东新区开发的"浦东 e 家园"APP 方便市民参与到城市管理中来，市民可以随时随地拍照上报井盖、绿化缺失等公共设施问题。APP 不仅是简单的项目投入和技术开发，而是旨在通过信息化改造，推动政府工作流程再造，创新政府工作理念和方法，优化体制机制，提高治理能力和水平。上海的城市基层治理已经由各区编织起的网格化、网络化、互动化区域治理体系共同组成了上海超大城市市民参与基层治理的框架。并且，这种区域网格化模式已经被其他城市借鉴参考，并在实践中产生了实际效果。上海在进一步的发展中要坚持这种模式，并扩大应用范围，充分考虑到市民的需求，更多地满足美好生活建设需要，坚持以人民为中心，让市民更深层次地参与到城市治理之中。

3. 以社区为单位，以线上线下参与社区治理相结合，搭建公共参与平台

以微信群、QQ 群为载体讨论楼组事务、参与小区治理、发挥居民特长。社区治理意见的征集首先从线上开始，逐渐消除市民之间的陌生感，逐步过渡到线下。2021 年底，"中国网络理政十大卓越案例（2016—2021）"在上海发布。上海市宝山"社区通"平台上榜。

"社区通"是宝山区探索建立的智能化治理系统，也是党建引领基层社会治理的创新模式。以移动互联网为载体、以居村党组织为核心，"社区通"推动了资源力量和群众需求的精准对接，让基层群众从"不知情""不领情"转变为积极参与，形成共建共治共享的社会治理新格局。"社区通"运行近五年来，宝山区575个居村全部上线，吸引了50万余户家庭、80.6万余名居村民实名加入，获得了多项国家级、市级荣誉。[①] 有必要对宝山"社区通"的实践经验进行总结，使之成为可推广、可复制的经验，并上升为制度规范。

4. 将政务处理向市民开放，广泛开展咨询听证会，使全过程人民民主深入人心

2015年，上海长宁区虹桥街道成为全国人大常委会法工委首个设在街道的基层立法联系点。基层立法联系点，勾勒出"全过程人民民主"本质——始终让国家一切权力牢牢掌握在人民手中。上海25个市人大常委会基层立法联系点，已经实现上海各区全覆盖。为老年群体设置的"一键叫车"方案，作为解决老年人数字鸿沟问题的切实一招，就是从上海基层立法联系点提出的草案中凝练而成的。上海作为习近平总书记关于全过程民主重要论述的首次提出地，近年来，在《上海市公共场所控制吸烟条例》《上海市生活垃圾管理条例》《上海市家政服务条例》等十余部法规制定的过程中，通过线上、线下双渠道广泛吸纳民意，这些法规的落实也表明了市民的支持，折射出全过程人民民主最生动的实践、最朴实的成果和最有价值的经验，同样有必要将上海全过程民主的实践上升为一项稳定、持久

---

① 《办好"百姓小事"！宝山"社区通"入选中国网络理政十大卓越案例！》，2021年12月28日，见 https://m.thepaper.cn/baijiahao_16049650。

的制度，形成长效机制。

（三）推进公共数据共享、开放与安全的法治化

数据治理通过数字技术赋能国家治理，实际上是运用现代科技实现治理创新。数字治理之于创新，有两层含义，一是治理本身的创新，政府在国家治理中充分运用数字技术，实现治理的优化、升级、更新迭代，比如"健康码"、智能交通、城市大脑等，都是治理的创新。另一个比较深层的含义，则是运用数字治理促进创新。[①] 数字时代是一个创新的时代，数字技术渗透到各行各业，数字经济延伸到生活中的各个角落，会产生创新的指数级增长。在数字时代，"开放"将成为一个鲜明的标识。随着万物互联、万物上云、万物皆数逐渐实现，这个社会、这个城市的每一个个体，无论是有生命的人，还是无机的商品、物品，或者是企业、政府部门、社会组织，都将被广泛地连接起来，产生密切的信息交互。这在客观上造成了一个边界模糊、接近于无限开放的社会。万物相互开放，神奇的事情就会自然发生。比如，政府数据开放会极大地促进数字经济的创新发展，互联网平台开放可以更快地扩大用户规模、建立生态体系。公共数据资源具有三大特性：获取性、开放性、经济性。任何一个城市、国家都是一座庞大的数据库。经过整理、挖掘并加以利用的数据，有助于管理者掌握城市和国家社会风貌、经济发展脉络、全局运行图景，并创造商机；可以为治理赋能，改变城市管理"经验主义""主观主义""个人主

---

① 张建锋编著：《数字治理：数字时代的治理现代化》，电子工业出版社 2021 年版，第 123 页。

义"的粗放治理方式,做到实"数"求是、"数"据驱动,实现精准治理;可以高效运筹资源、集中资源,精准投放更优质的政府公共服务,还能够进一步优化营商环境、治理环境,成为构筑区域竞争力、全球竞争力的决策基石。

近年来,加速政府公共数据开放、提升公共数据资源利用率,成为全球竞争的趋势所向。我国政府亦高度重视政府数据开放、共享和使用。2017 年 5 月,国务院办公厅印发《政务信息系统整合共享实施方案》,提出要全面推进各级政府部门之间的信息系统整合和信息资源共享。2018 年 1 月,三部委联合出台《公共信息资源开放试点工作方案》,确定北京市、上海市、浙江省、福建省、贵州省为试点,要求各试点在建立统一开放平台、明确开放范围、提高数据质量、促进数据利用、建立完善制度规范和加强安全保障等方面"摸石头过河"。2019 年,上海颁布实施的《上海市公共数据开放暂行办法》成为我国第一部专门针对公共数据开放的地方政府规章。

2021 年 11 月 25 日,《上海市数据条例》(以下简称《条例》)颁布,并于 2022 年 1 月 1 日起施行。《条例》以促进数据利用和产业发展为基本定位,紧扣以规范促发展、以保护促利用的立法主线,聚焦数据权益保障、数据流通利用、数据安全管理三大环节,结合数字经济相关市场主体的发展瓶颈,在满足安全要求的前提下,最大程度促进数据流通和开发利用、赋能数字经济和社会发展。《条例》共十章九十一条,分为总则、数据权益保障、公共数据、数据要素市场、数据资源开发和应用、浦东新区数据改革、长三角区域数据合作、数据安全、法律责任和附则。

上海要以此为契机,将《上海市数据条例》贯彻落实到数据治理的各个方面。从公共数据的共享、开放与安全来说，需要确立"以数据建设为核心，以业务规范为导向，在确保数据安全的前提下，实现跨系统数据的共建共享"的原则。

1. 推进公共数据的共享

《条例》第三十八条规定："公共管理和服务机构之间共享公共数据，应当以共享为原则，不共享为例外。公共数据应当通过大数据资源平台进行共享。"要实现公共数据的开放，需要推进数据元规范建设。为确保数据今后能在多个系统之间具有兼容性、可交互性和扩展性，各部门管理信息系统建设要摒弃以往自己构建数据元的做法，主动对接全国性的信息数据元及信息分类代码集的规范要求，确保数据存储式和数据字典按国家标准执行。同时在与相关部门协调后，其他系统在升级改造过程中也将遵循同样的数据元国家标准，以消除系统间数据整合共享的屏障，构建数据接口以实现数据共享。针对系统中的数据来源于不同系统、经过系统梳理后的数据信息又要服务于不同系统的工作要求，在系统总体设计时，针对核心数据的输入，决定运用定制接口程序实现核心数据完整导入；对于本单位业务流数据的输入，通过 Web Services 接口进行实时强连接；对于数据输出的需求，如对方系统能以 Excel 报表或其他文件格式接口程序对接，则将系统整合的数据按格式进行输出。通过接口的开发，即可实现"一头更新，多头维护"，所有数据都在本系统中进行更新，需要申报数据时，只需将数据从相应接口导出到各个委办局的平台，从而确保不同系统之间的数据一致性。以此解决数据的条块分割、消除"烟囱"林立、连接数据"孤岛"。

2. 继续推进公共数据的开放

《条例》规定了公共数据开放的目标，即："健全公共数据资源体系，加强公共数据治理，提高公共数据共享效率，扩大公共数据有序开放，构建统一协调的公共数据运营机制，推进公共数据和其他数据融合应用，充分发挥公共数据在推动城市数字化转型和促进经济社会发展中的驱动作用。"《条例》规定了公共数据开放的责任部门、职责、权限。

3. 坚持公共数据开放与安全的结合

在公共数据的开放方面，针对数据权益和数据安全保障，《条例》根据国家《数据安全法》《个人信息保护法》《网络安全法》《关键信息基础设施安全保护条例》等上位法要求，结合《网络数据安全管理条例（征求意见稿）》，涵盖了数据分级分类保护、重要数据目录管理、数据安全管理等配套措施，落实重要数据备案和数据安全评估制度。一是实行数据安全责任制，明确数据处理者的主体责任和安全保护义务。二是建立健全数据分类分级保护制度，确定本市重要数据目录，对列入目录的数据进行重点保护。三是明确信息化职能整合后市级责任部门和市大数据中心的数据安全责任。四是建立监测预警和应急处置机制，推动数据安全检测评估、认证等服务机构的发展。《条例》还设置"法律责任"一章，就公共管理和服务机构违反数据管理工作相关规定设置了相应的法律责任。同时，根据《中华人民共和国个人信息保护法》的规定，明确了信用惩戒和公益诉讼制度。

4. 加强对广大市民信息素养的培育和普及

从第三次工业革命开始，信息素养逐渐发展成为信息时代公民必备的一种素养，与读、写、算的能力并列。早在 2000 年我国就正式将培养学生信息素养作为基础教育课程的目标之一。所谓信息素养，就是"对信息的获取、加工、管理、表达与交流的能力；对信息及信息活动的过程、方法、结果进行评价的能力；发表观点、交流思想、开展合作与解决学习和生活中实际问题的能力；遵守相关的伦理道德与法律法规，形成与信息社会相适应的价值观和责任感"。简言之，就是合理合法地获取、评价、交流、加工、创生、管理信息的能力和品质。

《中共中央关于制定国民经济和社会发展第十四个五年规划和二〇三五年远景目标的建议》明确要求提升全民数字技能，实现信息服务全覆盖；主张发挥在线教育优势，完善终身学习体系，建设学习型社会。从这个意义上说，提升全民信息素养和计算思维，对于推动信息化教育、发展数字经济、打造学习型社会都非常重要。需要各级政府提供坚实的政策支持和后勤保障，以开放大学、媒体、老年大学、社区学校等为载体和依托进行信息科学知识的普及，预防和应对网络谣言、电信诈骗，使人民群众融入数字生活当中。

《上海市数据条例》的出台必将为上海城市数字化转型提供坚实的法治保障，对于推动长三角地区数据标准化建设，在全国一体化大数据中心体系建设、政务服务"一网通办"等方面，发挥先行、示范作用，进一步提升广大人民群众的获得感、幸福感和安全感。

五、弥合数字鸿沟，使城市每个人共享数字化公共服务成果

2016年5月30日，习近平总书记在《为建设世界科技强国而奋

斗》的讲话中指出："人民的需要和呼唤，是科技进步和创新的时代声音。""要发展信息网络技术，消除不同收入人群、不同地区间的数字鸿沟，努力实现优质文化教育资源均等化。"① 2017 年，习近平总书记在十九届中央政治局第二次集体学习时的讲话中指出："要坚持以人民为中心的发展思想，推进'互联网+教育'、'互联网+医疗'、'互联网+文化'等，让百姓少跑腿、数据多跑路，不断提升公共服务均等化、普惠化、便捷化水平。"② 这为上海弥合数字鸿沟提供了指导思想和政策遵循。

上海虽然在互联网、数字化技术使用的普及率方面位居全国前列，但仍需注意到上海的老年人群体的基数大、残障人士近 60 万人的客观现实。由于经济、教育、生理等方面的因素，这些群体是"数字生活"中的弱势群体。李倩、许鑫（2020）对新冠肺炎疫情下上海居民数字化生存能力进行了调研，得出结论：上海市居民在新冠肺炎防疫期间所展现出来的数字化生存能力存在着差异，"仍存在着数字不平等的现象"，反映在：与老年人相比，青中年的数字化生存能力更高。③ 近年来，老年人群体的数字鸿沟受到广泛的关注，国家与地方层面也出台了相关的政策，老年人的数字鸿沟得到一定程度的弥合。但是，由于残障人士生理等方面的原因，出行多有不便，不容易进入公众视野。他们的数字权益容易被忽视，但并不等于他们对数字技术没有需求。他们作为弱势群体，理应更受国家、社会、民众关

---

① 《十八大以来重要文献选编》（下），中央文献出版社 2018 年版，第 336 页。
② 《习近平关于网络强国论述摘编》，中央文献出版社 2021 年版，第 22—23 页。
③ 李倩、许鑫：《新冠肺炎疫情下城市居民数字化生存能力分析——基于上海的调查证据》，《图书馆杂志》2020 年第 12 期。

注和支持，因为只有做到这一点，才真正反映社会的正义、进步、公平和普惠。从技术发展的角度看，数字技术的发展有阶段性和规律性，有先行者就有落后者，有优势群体就有弱势群体。数字鸿沟无论对中国城市还是乡村都将是长期挑战。需要从公平正义的角度正视这一问题的存在。美国哲学家约翰·罗尔斯的正义观有两个正义原则："第一个原则：每个人对与所有人所拥有的最广泛平等的基本自由体系相容的类似自由体系都应有一种平等的权利。第二个原则：社会和经济的不平等应这样安排，使它们：①在与正义的储存原则一致的情况下，适合于最少受惠者的最大利益；并且②依系于在机会公平平等的条件下职务和地位向所有人开放。"① 由此观之，如果弱势群体不能充分享受到社会发展的成果，这对弱势群体来说就是不公平的。

上海市委、市政府 2020 年年底公布的《关于全面推进上海城市数字化转型的意见》提出：要"着力解决'数字鸿沟'问题，倡导各类公共服务'数字无障碍'，面向老年人和残障人士推进相关服务的适应性改造，创造无处不在、优质普惠的数字生活新图景。"2021年 8 月发布的《上海市残疾人事业发展"十四五"规划》也对赋能残疾人数字化公共服务提出了明确要求。上海将老年群体和残障人士一并纳入解决数字鸿沟的政策体系中，体现了这座城市的立法者、决策者和治理者的人民性、远见性和周全性。上海应在现有成果基础上，从政府、社会、企业、社区、家庭、个体层面，着力在以下方面推进数字鸿沟的弥合工作。

---

① ［美］约翰·罗尔斯：《正义论》，何怀宏、何包钢、廖申白译，中国社会科学出版社 1988 年版，第 292 页。

（一）政府应出台保护老年人和残障人士数字权益的相关法律，推进适老化改造项目，强化监管和引导

一是立法助推解决老年人、残障人士的数字鸿沟问题。一些地方选择用立法方式破题。2020 年 11 月 13 日，安徽省十三届人大常委会第二十二次会议表决通过了《安徽省老年教育条例》，期望以此来加快推动老年教育发展，提升老年人生活品质。在此之前，已有天津市等地对老年教育进行了专门立法。① 二是推动制定适老化 APP 相关标准。2020 年 3 月，工信部制定发布的《信息技术互联网内容无障碍访问技术要求与测试方法》正式实施。2020 年底，国务院办公厅发布《关于切实解决老年人运用智能技术困难的实施方案》（国办发〔2020〕45 号），将政策聚焦于老年人日常生活涉及的出行、就医、消费、文娱、办事等 7 类事项和服务场景②。随后，交通运输部等七部门印发《关于切实解决老年人运用智能技术困难便利老年人日常交通出行的通知》（交运发〔2020〕131 号），要求细化交通运输领域的相关政策措施，确保"数字时代"老年人日常出行便利③。2021年 4 月，工业和信息化部办公厅印发《关于进一步抓好互联网应用适老化及无障碍改造专项行动实施工作的通知》（工信厅信管函

---

① 蒲晓磊：《立法助推老年人跨越"数字鸿沟"》，《浙江人大》2021 年第 1 期。

② 《〈关于切实解决老年人运用智能技术困难的实施方案〉国务院政策例行吹风会》，2020 年 11 月 26 日，见 http://www.scio.gov.cn/32344/32345/42294/44354/tw44356/Document/1693363/1693363.htm。

③ 《方便老年人出行，七部门列出任务时间表》，2020 年 12 月 29 日，见 https://baijiahao.baidu.com/s? id=1687377321433881842&wfr=spider&for=pc&sShare=1。

〔2021〕67号），明确了《互联网网站适老化通用设计规范》和《移动互联网应用（APP）适老化通用设计规范》等内容。该通知要求相关互联网网站、APP在2021年9月30日之前参照文件要求完成适老化及无障碍改造，并向相关部门提出申请评测；首批适老化和无障碍改造APP涉及通信、购物、出行等多个领域①。三是建立适合老龄化操作的业务流程。2021年4月，在工信部开展的专项行动中，工信部高度关注部分APP"操作流程复杂不够直观、没有考虑老年人知识背景和操作程度"等问题，鼓励APP推出界面简单、点按方便等适合老龄群体操作的模式，引导APP支持自定义手势，进一步简化交互操作，并指导终端设备企业在功能机中增加智慧化应用，在智能机中增设极简模式。四是强化对广告纷扰、诱导下载等问题的监管。工信部在专项行动中明确要求，互联网网站和手机APP完成改造后的适老版、关怀版、无障碍版本不得再设有广告插件，付款类操作不得设任何诱导式按键，以便各类特殊群体方便、安全地使用。重点开展APP侵害用户权益专项整治行动，整治人民群众反映强烈的"APP违规处理用户个人信息设置障碍、频繁骚扰用户"等四方面十类问题，广泛开展社会宣传，切实保障老年人合法权益和财产安全。

从上海来看，相关部门积极采取措施，帮助老年群体和残障人士跨越数字鸿沟。2021年7月，上海召开专门会议，部署"跨越数字鸿沟：互联网应用适老化和无障碍改造工作"。上海针对公共服务网站和移动APP界面复杂、操作不够友好等问题，积极开展公共服务

---

① 工业和信息化部办公厅：《关于进一步抓好互联网应用适老化及无障碍改造专项行动实施工作的通知》，2021年4月6日，见 http://www.gov.cn/zhengce/zhengceku/2021/04/13/content_5599225.htm。

网站和移动 APP 的适老化改造。上海可参照国内其他地方的做法，立法助推老年人、残障人士的数字鸿沟问题。相关部门可以先期进行这方面的立法调研、征求意见。上海还可以设立专门的老年人网站，为老年人提供信息服务。我国香港特区政府相关部门以及非营利组织为老年人建立了专门网站，如长青网、老友网、社会福利署长者资讯网、长者法律资讯网、卫生署长者健康服务网等，使老年人能通过互联网了解与老年生活息息相关的保健、福利和法律等各类信息。①

（二）企业应积极主动，承担更多的社会责任

随着社会主义市场经济体制改革的不断深化，我国公共服务的主体日益多元化。进入数字化时代，不少互联网企业参与到数字化公共服务中来。在弥合数字鸿沟方面，我国的电信行业功不可没。自加入 ITU 20 年来，中国移动紧跟 ITU 的脚步，如今已成长为全球网络规模最大、客户数量最多、品牌价值和市值排名前列的电信运营商。中国电信、中国移动、中国联通三大运营商在标准制定、基础设施建设，以及制度、数字素养、特殊群体关怀等方面作出了贡献。以中国电信上海公司为例，2022 年 1 月 5 日的《文汇报》报道，中国电信上海公司关爱老年人的数字化需求。其不但推出了多项适老化服务，定期开展"爱心讲坛"，帮助老年人掌握健康码、手机支付等数字化生活方式，还在电话亭上增加 5G 一键叫车服务，只需输入手机号码登

① 刘述:《积极老龄化视角下我国香港老年人数字融入路径研究》,《中国远程教育》2021 年第 3 期。

录，就会有出租车赶来。车牌号多少，预计什么时间到一目了然。①
要使信息通信带给人们更多红利，让人民群众"用得上、用得起、
用得好"，电信行业有许多工作要做。一是降低资费，解决经济相对
拮据的人群包括老年人、残障人士用不起网络的问题。在上海城市的
公共空间应该推出免费的宽带网络，为更多的人群提供接触网络、使
用习得网络的机会。二是在政府相关部门的指导下，积极推进手机
APP 的适老化、助残化改造。三是走进社区、老年大学、残障人士
机构，为老年人、残障人士提供常用 APP 应用辅导、专属讲解等服
务，教会他们使用智能技术，乐享数字生活。四是保留适量人工服务
通道。线下营业厅应设置"爱心通道""老人座席"。线上开发、维
护"一键呼入人工客服"功能。电信企业应不断优化业务办理流程，
简化办理手续，为老年人提供上门办理、大字账单等服务。开通
"一对一人工热线服务"，帮助老年人方便、直接地反映自身诉求，
享受互联网服务。

（三）充分利用社会力量，营造良好的环境氛围

上海应发挥社区党建引领作用和优势，建立党员一对一的结对数
字扶贫制度。在志愿者服务方面，上海有着独特的优势和传统。继续
推进"信息助力员"服务队伍的招募工作，让更多的人能深入社区
网点为老年人提供手把手的培训和帮办服务；继续扩大规模，招募
60 岁以上能懂网、会上网的"数字体验官"，当好数字化应用"啄木

---

① 《"国际数字之都"建设一年来收获满满》，《文汇报》2022 年 1 月 5 日。

鸟"。扩大老年大学、图书馆等单位的"数字为老、助残培训基地"的认定工作，提供必要的政策与经济支持，努力帮助更多老年人、残障人士成为数字时代"新用户"。

（四）发挥家庭的代际反哺功能

家人是老年人重要的信任群体。子女的数字反哺能为父母提供最直接有效的支持。子女可以通过与老人面对面的沟通与互动，传授使用数字技术的经验，这种数字反哺有利于拉近子女与老人的感情，促进老人的身心健康。对于那些沉迷手机的老人来说，家人的陪伴弥足珍贵。子女常回家看看，多陪长辈聊聊家常，有条件多带他们一起出游、看展，有利于丰富老年人的晚年生活，促进老年人的身心健康。

（五）发挥老年人、残障人士自身的作用

"老年"一定意义上是睿智成熟的象征，老年人群体对社会和家庭来说不是累赘。残障人士"身残志不残"，也可以为社会做贡献。老年群体、残障人士需要摒弃自卑心理，树立积极健康的老年观、残障观，重构社会角色和重建社会连接。老年人、残障人士在共享改革发展成果的同时，应力所能及参与社会各方面的"共建"实践。进入数字社会，老年群体、残障人士应乐观、主动参与数字生活。要充分发挥低龄老年人的作用，在老年人之间建构互助式的学习关系，重视老年朋辈群体的支持和影响，使数字化得以健康成长。

六、推进数字化公共服务共享的评价体系建设

（一）加强数字化公共服务的评估法规建设

从法律上确立绩效评估的权威性和绩效评估机构的独立性，是政府绩效管理健康发展的根本保障。西方发达国家在政府绩效评估方面制定了较为完善的法律法规。以公共文化服务为例，1999 年，英国在《地方政府最佳服务效果法案》（*The best value provision of the local government act 1999*）中，就对地方政府提出了与文化绩效有关的具体指标和要求；同年，英国文化、传媒和体育部发布《政府资助博物馆与美术馆效率与效益》（*Efficiency and effectiveness of government-sponsored museums and art galleries*）绩效管理的理念和方法。1982 年，由美国图书馆协会出版的《公共图书馆绩效评估》一书，成为图书馆绩效评估的指南性文件。就我国而言，在国家和地方层面缺乏公共文化服务领域的绩效管理法律法规，评估实践中缺乏程序保障、监督机制和事后救济制度，并容易引起绩效管理的机会主义和形式主义行为。上海在推进数字化公共服务过程中，应学习借鉴西方发达国家有益经验，加强顶层设计，将绩效评估纳入法律法规体系，从法律层面解决评估权问题，将评估结果落实为法律责任，规范评估组织实施者和参与者的行为，并在遵循政府绩效评估上位法的前提下，依据公共文化服务领域特点，构建一个完善的数字化公共服务绩效评估法律法规体系。

（二）构建多元评估主体

公共服务绩效评估的主体应包括上级行政主管部门、专业评估机构、学术机构、非营利组织、大众媒体和社会公众等。目前绩效评估主体的多元化和以社会公众满意度为绩效考量标尺，已经成为许多国家和地区政府绩效评估的发展趋势。以公共文化服务为例，香港康文署为了加强对全港文化艺术服务数量与质量的有效评价，每三年都会委托独立的文化调查公司进行一次较大规模的公众意见调查。法国在公共文化服务绩效考核评估中采取混合评估模式，即引入社会主体和第三方评估方式，从而实现政策评估主体由单纯的政府机关内部评估向政府与公众或其他社会主体共同参与评估转变。英国第三方机构"Behavioural insights team"也担负着公共服务绩效评估职责。美国涵盖所有类型博物馆的《美国博物馆绩效评估计划》报告，则由 RMC 研究公司负责具体实施，同时，美国公共文化服务绩效评估主体呈现多元化特点，包括上级机构（如美国图书馆协会、博物馆协会、国家艺术基金会、博物馆与图书馆服务署等）、文化机构或项目实施主体自身、第三方评估机构（如大学、专业评估机构等）。

自 2019 年 8 月起，上海开始建立政务服务"好差评"制度，由企业、群众来评判政务服务，倒逼各级政务服务部门不断改进工作。"好差评"指标体系要实现"三个覆盖"：一是服务事项全覆盖，即接入"一网通办"的所有政务服务事项全部纳入"好差评"评价范围；二是服务渠道全覆盖，包括线下实体窗口、线上服务门户、移动端、"12345"市民服务热线、自助终端等各类政务服务渠道；三是评价对象全覆盖，提供政务服务的单位和全市各级（市区乡镇街道，各类开发区、村居）政务服务窗口均作为"好差评"评价对象。企业、群众可以通过线上、线下两种方式来评价政务服务，取得了比较好的效果。[①] 上海的"一网通办"的评价制度体现了评价主体的多元化，是实现共建共治共享的生动体现。

上海的数字化公共服务可以进一步完善绩效评估多元化，引入第三方中介机构参与公共数字服务评估，充分利用大众媒体、公共知识界和专家的资源，发挥社会公众和舆论的监督力量，避免仅仅由上级政府主管部门单方面来确定下级公共数字服务的绩效考核情况，确保评估的客观性和公正性，最终形成政府、社会、公共服务机构、服务受众共同参与的科学高效的绩效评估体系。同时，考虑到我国第三方评估才刚刚开始起步，制度体系还未完全建立等实际情况，政府有必要全面深化改革，完善第三方评估机制，具体措施有：明确第三方评估法律地位，树立第三方评估机构的权力和评估结果的权威性；完善政府信息公开和配合制度，以法律形式强制政府公开有关信息，破除评估信息不对称障碍；建立第三方评估机构与行业管理制度，加强第三方评估机构资质管理，建立第三方评估委托制度等。

（三）完善评估运行机制

西方发达国家普遍重视评估过程规范化建设、评价指标体系化设计以及评估基础数据统一化管理。美国国家评审委员会设立了专门的

---

① 《所有人，上海"一网通办"做得好不好？扫二维码就能评价》，2019年8月1日，见 https://baijiahao.baidu.com/s？id＝1640663274016585614&wfr＝spider&for＝pc。

绩效评估研究组，英国设立了专门的绩效评估机构，以推动政府实施规范化、系统化的绩效评估。以公共文化服务为例，许多国家针对公共文化服务机构颁布了具体技术标准，为绩效评估提供了指南，如2001年英国文化、传媒和体育部出台了《全面高效的现代化公共图书馆——标准与评估》，该项标准包括19项与公共图书馆有关的绩效评测框架，2008年美国博物馆协会颁布了《美国博物馆国家标准和最佳实践》，2011年澳大利亚图书馆和信息协会颁布了《超越优质服务：澳大利亚公共图书馆的标准与指南》。此外，针对数字资源利用与服务效益评价，国外也开展了许多项目研究与实践，如EQUINOX Project（图书馆绩效评估和质量管理系统）、COUNTER Project（网络电子资源在线使用统计）、Digiqual等，制定了一系列数字信息资源利用统计标准和指标体系。西方发达国家审计部门为公共文化服务绩效评估提供了大量的统计数据，如英国审计部门以季度或年度为单位提供多个文化领域的各项数据（"taking part"包括各项文化项目的统计数据等，"libraries omnibus"包括英国各大公共图书馆的用户及资源利用数据等）。这些统计数据为客观公正开展公共文化绩效评估提供了有力支持。在我国，《文化部"十三五"时期公共数字文化建设规划》明确提出要完善绩效评价指标体系。围绕群众文化需求，建立以效能为导向的公共数字文化服务绩效考核机制。要实现上述目标，具体措施有：①过程规范层面。我国政府应成立专门的绩效管理行政机构，规范绩效评价过程，统一规定绩效评价具体操作办法，明确各级评估的主体和责任，规定群众参与评估的程序与内容，出台第三方评估工作的制度与规范，确保绩效评价过程的公开与透明。②指标体系层面。以提升公共数字文化服务效能为根本目标，依据经济、效率、效果和公平原则，借鉴综合评价法、层次分析法、平衡记分等多种评价理论，研究制定群众满意度指标，构建以公众为导向的、科学合理的、能涵盖不同公共文化机构的公共数字文化服务绩效评价指标体系。③统计数据层面。重视公共文化服务活动中各项原始数据收集，构建统一规范的公共文化服务（含公共数字文化服务）数据管理平台，注重深入挖掘和分析与公众评价密切相关的统计数据，为公共文化政策制定和调整提供决策参考，提高公共文化服务综合效益，避免资源浪费和低水平重复建设。

（四）优化评估反馈与整改机制

评估是手段，反馈是目的，因此优化评估结果应用反馈机制是确保绩效评估机制正常运转的关键环节。西方发达国家普遍重视绩效评估结果的反馈应用，如美国博物馆与图书馆服务署几乎每年都会公布图书馆及博物馆领域的年度绩效报告，如《绩效和责任报告》《MFA美国博物馆绩效评估》《国家图书馆行政机构资助项目的五年评估》《劳拉·布什 21 世纪图书馆员项目评估》等①。优化评估结果应用反馈机制主要包括两个方面：一是向社会公众公布评估结果。通过多样化的方式（如新闻发布会、新闻报道、新媒体、电视、网站等），以网页报告、统计年鉴、年度评估报告、纸本文本等多种形式，将评估结果向社会公众公开发布，主动接受群众的查阅和监督，加强政府与公众的互动，让更多群众了解和关心公共数字文化服务的进展、效果

---

① "Institute of museum and library services"，2018 - 07 - 30. https：//www. imls. gov /research-tools/program-evaluations.

及不足，广泛吸纳公众意见，以更好推动公共数字文化的建设和发展。二是建立评估结果的奖惩制度。将评估结果和奖惩制度挂钩，既要奖励先进，促进互相学习借鉴，发挥正面激励作用，又要问责落后，采取适当处罚措施，发挥警示鞭策作用，当然也要尽量避免简单化的"末位淘汰""一票否决"。三是建立督查整改的制度。以上海"一网通办"为例，上海还需要进一步完善督查整改制度。根据评估结果分析发现问题，提出相应改进措施。评价不是最终的目的和结果。评价制度的建立是对已发生的公共服务的反馈，关键的是事后改进，离开了整改，评价也就失去了意义。通过绩效评估，构建评估结果动态反馈系统，增强对公众需求的敏感性和回应性，适时对数字化公共服务的制度和政策进行动态调整，提升政府回应力和应变力，形成以评估促服务的常态机制。

参 考 文 献

《马克思恩格斯文集》第 1、2、5 卷，人民出版社 2009 年版。

《马克思恩格斯选集》第 1—4 卷，人民出版社 2012 年版。

《列宁全集》第 3 卷，人民出版社 2012 年版。

《列宁全集》第 4 卷，人民出版社 2013 年版。

《列宁全集》第 7 卷，人民出版社 2013 年版。

《列宁全集》第 23 卷，人民出版社 2017 年版。

《列宁全集》第 34 卷，人民出版社 2017 年版。

《列宁全集》第 36 卷，人民出版社 2017 年版。

《列宁全集》第 37 卷，人民出版社 2017 年版。

《列宁全集》第 52 卷，人民出版社 2017 年版。

《毛泽东选集》第 1 卷，人民出版社 1991 年版。

《毛泽东文集》第 6、7、8 卷，人民出版社 1999 年版。

《邓小平文选》第 3 卷，人民出版社 1993 年版。

江泽民：《论有中国特色社会主义（专题摘编）》，中央文献出版社 2002 年版。

胡锦涛：《高举中国特色社会主义伟大旗帜　为夺取全面建设小康社会新胜利而奋斗——在中国共产党第十七次全国代表大会上的报

告》，人民出版社 2007 年版。

习近平：《高举中国特色社会主义伟大旗帜　为全面建设社会主义现代化国家而奋斗——在中国共产党第二十次全国代表大会上的报告》，人民出版社 2022 年版。

《习近平关于社会主义经济建设论述摘编》，中央文献出版社 2017 年版。

《习近平关于社会主义社会建设论述摘编》，中央文献出版社 2017 年版。

《习近平关于网络强国论述摘编》，中央文献出版社 2021 年版。

《习近平谈治国理政》，外文出版社 2014 年版。

《习近平谈治国理政》第二、三、四卷，外文出版社 2017、2020、2022 年版。

《十八大以来重要文献选编》（中），中央文献出版社 2016 年版。

《十八大以来重要文献选编》（下），中央文献出版社 2018 年版。

《十九大以来重要文献选编》（上），中央文献出版社 2019 年版。

王宁等编著：《共享发展理念研究——让发展成果惠及广大人民》，社会科学文献出版社 2020 年版。

涂子沛：《大数据》，广西师范大学出版社 2015 年版。

张建锋编著：《数字治理：数字时代的治理现代化》，电子工业出版社 2021 年版。

本书编写组：《大数据：领导干部读本》，人民出版社 2015 年版。

张莉主编：《数据治理与数据安全》，人民邮电出版社 2019 年版。

向玉乔：《共享伦理研究》，人民出版社 2020 年版。

卢德之：《论共享文明》，东方出版社 2017 年版。

张仲礼主编：《近代上海城市研究（1840—1949）》，上海人民出版社 2014 年版。

董幼鸿等：《上海城市运行"一网统管"的创新和探索》，上海人民出版社 2021 年版。

王治东等：《上海发挥引领示范作用的理论和实践》，上海人民出版社 2021 年版。

张立文：《和合学——21 世纪文化战略的构想》，中国人民大学出版社 2006 年版。

郑杭生、胡宝荣：《包容共享：社会管理的精神内核》，中国人民大学出版社 2014 年版。

宋晓梧主编：《构建共享型社会：中国社会体制改革 40 年》，广东经济出版社 2017 年版。

阳建强、吴伟明：《现代城市更新》，东南大学出版社 1999 年版。

黄恒学等：《政府基本公共服务标准化研究》，人民出版社 2011 年版。

张欢、蔡永芳、高娜：《社区基本公共服务标准化研究》，人民出版社 2017 年版。

朱迪、何祎金、田丰：《生活在此处：中国社交网络与赋能研究》，社会科学文献出版社 2018 年版。

杨晓东、尹学梅：《当代我国公共文化服务体系建设论纲》，天津社会科学院出版社 2014 年版。

〔美〕刘易斯·芒福德：《城市发展史——起源、演变与前景》，宋俊岭、宋一然译，上海三联书店 2021 年版。

〔英〕凯伦·杨、〔英〕马丁·洛奇编：《驯服算法：数字歧视与算法规制》，林少伟、唐林垚译，上海人民出版社 2020 年版。

〔秘鲁〕亚历杭德罗·托莱多：《共享型社会：拉丁美洲的发展前景》，郭存海译，中国大百科全书出版社 2017 年版。

《中共上海市委关于厚植城市精神彰显城市品格　全面提升上海城市软实力的意见》，《解放日报》2021 年 6 月 28 日。

中国互联网络信息中心：《第 48 次中国互联网络发展状况统计报告》。

上海市经济和信息化发展研究中心、上海市智慧城市建设促进中心：《2020 上海市智慧城市发展水平评估报告》。

吴新叶、付凯丰：《"人民城市人民建、人民城市为人民"的时代意涵》，《党政论坛》2020 年第 10 期。

何雪松、侯秋宇：《人民城市的价值关怀与治理的限度》，《南京社会科学》2021 年第 1 期。

陈丽君、郁建兴、徐铱娜：《共同富裕指数模型的构建》，《治理研究》2021 年第 4 期。

方世南：《新时代共同富裕：内涵、价值和路径》，《学术探索》2021 年第 11 期。

郭峰：《数字经济在抗击新冠肺炎疫情中的作用与问题：一个文献综述》，《产业经济评论》2021 年第 1 期。

邹翔：《数字社会建设既要智能化更要人性化》，《中国党政干部论坛》2020 年第 12 期。

董明媛、张琳：《社会网络、经济地位与老年人的数字鸿沟》，《决策与信息》2021 年第 10 期。

郑长忠：《城市治理数字化转型要坚持以人民为中心》，《国家治理》2021 年第 1 期。

郑磊：《城市数字化转型的内容、路径与方向》，《探索与争鸣》2021 年第 4 期。

周裕琼：《数字弱势群体的崛起：老年人微信采纳与使用影响因素研究》，《新闻与传播研究》2018 年第 7 期。

姚尚建：《被计算的权利：数字城市的新贫困及其治理》，《理论与改革》2021 年第 3 期。

许肇然、胡安安、黄丽华：《国内外老年人互联网使用行为研究述评》，《图书情报工作》2017 年第 20 期。

李超民：《智慧社会建设：中国愿景、基本架构与路径选择》，《宁夏社会科学》2019 年第 2 期。

唐斯斯、张延强、单志广等：《我国新型智慧城市发展现状、形势与政策建议》，《电子政务》2020 年第 4 期。

杨梅：《长三角政务服务"一网通办"实践与反思》，《上海信息化》2021 年第 5 期。

韩志明：《技术治理的四重幻象——城市治理中的信息技术及其反思》，《探索与争鸣》2019 年第 6 期。

贾凌民、吕旭宁：《创新公共服务供给模式的研究》，《中国行政管理》2007 年第 4 期。

姜德琪：《关于构建城市社区公共服务供给平台的思考》，《湖北社会科学》2009 年第 3 期。

齐岳、秦阳：《城市群公共服务均等化与经济发展不平衡关系研究》，《统计与决策》2020 年第 21 期。

陈世伟：《我国农村公共服务供给主体多元参与机制构建研究》，《求是》2010 年第 1 期。

姜晓萍：《中国公共服务体制改革 30 年》，《中国行政管理》2008 年第 12 期。

何艳玲、郑文强：《"留在我的城市"——公共服务体验对城市归属感的影响》，《同济大学学报（社会科学版)》2016 年第 2 期。

郁建兴：《中国的公共服务体系：发展历程、社会政策与体制机制》，《学术月刊》2011 年第 3 期。

徐国冲、郭轩宇：《城市综合承载力的评估框架与提升策略——来自新加坡的启示》，《上海行政学院学报》2020 年第 1 期。

孙芊芊：《新时期智慧城市建设的机遇、挑战和对策研究》，《江淮论坛》2019 年第 4 期。

唐斯斯、张延强、单志广等：《我国新型智慧城市发展现状、形势与政策建议》，《电子政务》2020 年第 4 期。

何琴：《基于 AHP 的智慧城市建设水平评价模型及实证》，《统计与决策》2019 年第 19 期。

楚天骄：《伦敦智慧城市建设经验及其对上海的启示》，《世界地理研究》2019 年第 4 期。

韩新、丛北华：《超大城市公共安全风险防控的主要挑战——以上海市为例》，《上海城市管理》2019 年第 4 期。

刘吕红、余红军：《70 年来城市建设的历史进程、主要特征和基本经验》，《江西社会科学》2019 年第 9 期。

刘士林：《人民城市：理论渊源和当代发展》，《南京社会科学》2020 年第 8 期。

刘淑妍、吕俊延：《城市治理新动能：以"微基建"促进社区共同体的成长》，《社会科学》2021 年第 3 期。

张晓静、朱倩：《武汉老年人微信采纳、使用、知识获取研究——以"数字鸿沟"为视角》，《传媒观察》2021 年第 3 期。

耿晓梦、喻国明：《数字鸿沟的新样态考察——基于多层线性模型的我国居民移动互联网使用沟研究》，《新闻界》2020 年第 11 期。

彭波、严峰：《我国消弭数字鸿沟的新机遇与新路径探析》，《现代传播》2020 年第 2 期。

李成波、闫涵：《美国弥合老年人数字鸿沟的策略及启示》，《青年记者》2020 年 2 月（下）。

Yu By, Ndumu A, Mon L M, et al. *E-inclusion or digital divide: An integrated model of digital inequality*[J]. Journal of Documentation, 2018, 74(3).

Klasen, S. Measuring and Monitoring Inclusive *Growth: Multiple Definitions, Open Questions, and Some Constructive Proposals*, Asian Development Bank Sustainable Development Working Paper, No. 12, 2010.

Van, J. (2006) *Digital divide research, achievements and shortcomings*. Poetics 34(4-5):221-235.

Cotten, S. R. (2017). *Examining the Roles of Technology in Aging and Quality of Life*. The Journals of Gerontology: Series B, 72(5).

后　　记

本书系上海市哲学社会科学规划办公室和上海市习近平新时代中国特色社会主义思想研究中心设立的"学习贯彻习近平总书记'人民城市人民建，人民城市为人民'重要理念"专项课题成果。课题名称为"人民城市建设中的数字服务共享及其实践路径研究"（课题编号2021XRM008）。

本书为集体合作的成果。全书章节框架由邬思源总体设计；导论、第二章、第五章由邬思源撰写；第一章由陈健撰写；第三章由沈佩翔撰写；第四章由刘铭秋撰写；田长生提供了第五章的初稿，高志利提供了第二章的部分初稿；最后由邬思源完成统稿。研究生费亚倩、段怡雯、高嘉宇等参与了书稿的校对。

感谢中共上海市委党校马克思主义学院执行院长王公龙教授等领导和有关专家的指导、关心！感谢上海市习近平新时代中国特色社会主义思想研究中心的信任和支持！感谢人民出版社毕于慧编审的辛勤付出！

由于水平有限，本书的研究尚存在诸多不足，敬请批评指正！

作者

2022年8月

责任编辑：毕于慧
封面设计：王欢欢
版式设计：汪　莹

图书在版编目（CIP）数据

人民城市理念与数字化公共服务共享研究/邬思源等 著. —北京：
　人民出版社,2022.12
（"人民城市"重要理念研究丛书）
ISBN 978－7－01－025215－5

Ⅰ.①人…　Ⅱ.①邬…　Ⅲ.①数字技术-应用-城市-社会服务-
　资源共享-研究-上海　Ⅳ.①D669.3-39

中国版本图书馆 CIP 数据核字（2022）第 205218 号

人民城市理念与数字化公共服务共享研究

RENMIN CHENGSHI LINIAN YU SHUZIHUA GONGGONG FUWU GONGXIANG YANJIU

邬思源 等　著

人民出版社 出版发行
（100706　北京市东城区隆福寺街 99 号）

北京九州迅驰传媒文化有限公司印刷　新华书店经销

2022 年 12 月第 1 版　2022 年 12 月北京第 1 次印刷
开本:710 毫米×1000 毫米 1/16　印张:12.25
字数:141 千字

ISBN 978－7－01－025215－5　定价:50.00 元

邮购地址 100706　北京市东城区隆福寺街 99 号
人民东方图书销售中心　电话（010)65250042　65289539